STAFFORD CLIFF

WIE WIR LEBEN

Natur Architektur Wohnkultur

mit 1162 farbigen Abbildungen

FOTOGRAFIEN VON
GILLES DE CHABANEIX

Econ

KAPITEL VIER

DETAILS 318
Das gewisse Etwas

KAPITEL FÜNF

LEBENSWELTEN 372
Unser Umfeld

KAPITEL SECHS

REGISTER 463
Interieur und Design

EINLEITUNG

WIE WIR LEBEN

Wie wir leben beginnt mit einem ungewöhnlichen Foto, das einen Mann vor einem halb geöffneten Fenster zeigt. Ungewöhnlich deshalb, weil es sich dabei nicht um eine reale Szene, sondern um eine Trompe-l'œil-Malerei auf einer Hausfassade in Rom handelt. Das Motiv macht neugierig und es steht, wenn man so will, symbolhaft für das ganze Buch: Dieses Foto zeigt zunächst, was wir uns alles ausdenken, um unsere Umgebung zu verschönern – wir entwerfen, bauen, dekorieren und verzieren, einfach nur, um uns anschließend an dem Ergebnis zu erfreuen. Das Fassadengemälde lässt uns zu Betrachtern von außen werden, was sich im Zimmer dahinter befindet, können wir nur ahnen. Auch die in diesem Buch gezeigten Bilder wurden meist aus dem Blickwinkel eines Außenstehenden aufgenommen, der ins Innere eines Hauses, einer Wohnung oder eines Gartens späht. Der auf die Fassade gemalte Mann wiederum nimmt eine übergeordnete Perspektive ein, blickt sozusagen genau wie der Leser auf diese Sammlung außergewöhnlicher Fotos, die eindrucksvoll illustriert, wie wir leben und wohnen.

Dieses Buch bildet verschiedene Lebenswelten ab – im Großen wie im Kleinen. Es spannt den Bogen von den Spuren, die wir in der Landschaft hinterlassen, bis hin zu den kleinsten faszinierenden Details, die man bei gelungenem Design entdecken kann, und ist gleichzeitig eine Hommage an Wohnungen aller Art überall auf der Welt. Die Fotos decken die gesamte Vielfalt unserer Lebens- und Wohnformen ab. Sie zeigen nicht nur, wo wir Menschen leben oder gerne leben würden – am Wasser, auf dem Land oder in der Stadt –, sondern bieten auch die einmalige Gelegenheit, die verschiedenen Architektur- und Einrichtungsmodelle zu vergleichen. Egal, ob diese nun von Einzelpersonen, Familien oder Dorf- und Stadtgemeinschaften entwickelt wurden: Die Wahl des Standorts, die Bauweise und das Wohndesign werden ebenso berücksichtigt wie die Gestaltung der unmittelbaren Umgebung. Die hier gezeigten Beispiele sind so bunt und abwechslungsreich, dass es fast schon wieder beruhigend ist, zu sehen, wie viele Gemeinsamkeiten es trotzdem gibt – und sei es nur die Liebe zum Detail, die der Esszimmereinrichtung in einem einfachen, mexikanischen Haushalt genauso anzusehen ist wie der luxuriösen Innenausstattung eines exklusiven Clubs in Buenos Aires. *Wie wir leben* stellt Einfaches und Schlichtes neben Kostbares und Exklusives und macht auf wirklich erstaunliche Ähnlichkeiten aufmerksam: Eine ärmliche

MAROKKO

SCHOTTLAND

New Yorker Mietwohnung aus Einwandererzeiten, die in einem Museum rekonstruiert wurde, findet etwa ihre moderne Entsprechung in angesagten Londoner und Pariser Apartments, deren Bewohner einen Sinn fürs Nostalgische haben. Eine enge Gasse in Katmandu wirkt genauso geschäftig und urban wie eine Fußgängerzone in Rom, London oder Stockholm. Jedes hier präsentierte Ambiente ist gleichermaßen reizvoll – egal, ob es sich dabei um eine kleine Bude mit Möbeln vom Flohmarkt, einen Stadtpalast voll teurer Antiquitäten oder ein gestyltes Großstadt-Loft handelt.

Wenn dieses Buch Partei ergreift, dann für Interieurs, in denen die Zeit und ihre Bewohner Spuren hinterlassen haben, oder für Räume und Orte, die eine Geschichte erzählen, die sich über Jahre hinweg entwickeln durften und nicht von einem Architekten am Computer entworfen wurden. Denn in diesem Buch geht es in allererster Linie darum, was Menschen mit den ihnen zur Verfü-

BALI

MEXIKO

gung stehenden Mitteln – und seien sie noch so einfach – aus ihrer Umgebung machen können, wie kreativ sie Farben und Materialien kombinieren, um ihren Wohn- und Lebenswelten eine persönliche Note zu verleihen. Altes und Neues, Naturbelassenes und Künstliches steht dabei einträchtig nebeneinander, denn es ist die Art der Präsentation, die Patina, die manchen Objekten anhaftet, die viel über unseren Lebensstil aussagt.

Die meisten der in diesem Buch abgebildeten Fotos, mit Ausnahme der des letzten Kapitels, sparen Menschen bewusst aus und konzentrieren sich stattdessen auf die Gebäude und ihre charakteristischen Merkmale, die Interieurs und einzelnen Wohnobjekte. Dennoch sind die Bewohner der jeweiligen Räume auf allen Bildern präsent: Die Art, wie bestimmte Gegenstände arrangiert wurden, die Position der Möbel, ein auffälliger Fassadenschmuck – all das ist Ausdruck ihrer Persönlichkeit.

Die Bilder entführen uns in fremde Welten, sie laden uns ein, einen Blick hinter Türen, Fassaden und durch Fenster zu werfen, sie nehmen uns mit in enge Gassen und auf große Plätze, um uns immer wieder aufs Neue mit einer besonders schönen Szene zu überraschen. Das kann ein belebter, von der Sonne beschienener Garten sein, ein Hafen mit Fischerbooten, ein Markt mit buntem Warenangebot, ein kleiner Kramladen, eine trendige Bar, ein elegantes Restaurant, eine barocke Kirche, aber auch ein besonders elegant oder originell eingerichteter Wohnraum, der beim Blick durch die offene Tür wirkt wie ein gerahmtes Stillleben. Unser Augenmerk richtet sich dabei aber nicht nur auf die klassischen Wohnräume, sondern auch auf Treppenhäuser, Korridore und andere Durchgangszimmer, die die verschiedenen Bereiche eines Hauses oder Apartments verbinden. Sie tragen erheblich

NEPAL

PHILIPPINEN

zum Gesamteindruck einer Wohnung bei, kommen aber – was das Design anbelangt – meistens zu kurz.

Die einzelnen Kapitel und Unterkapitel dieses Buches führen uns das weite Spektrum an Lebens- und Wohnformen vor. Der Blick des Betrachters wandert dabei von außen nach innen: von den verschiedenen Standorten zu den Häusern, ihrer typischen Bauweise und Struktur, den verwendeten Mustern, Farben und Ornamenten sowie den nationalen, regionalen, lokalen und historischen Stilrepertoires. Danach verengt sich der Blickwinkel; er richtet sich auf die Inneneinrichtung der verschiedenen Räume, in denen wir Freunde empfangen, gesellig sitzen und plaudern, uns entspannen, kochen oder arbeiten – mit allen dazugehörenden Details wie Türen, Fenstern, Beleuchtung, Mobiliar, Wandgestaltung, sorgfältig arrangierten Objekten oder Bildern.

Zu guter Letzt beschäftigen wir uns nicht nur mit dem Thema Wohnen, sondern mit dem Leben an sich und damit, wie man aus dem, was man hat, das Beste macht: Ein Dorf auf den Philippinen feiert zum Beispiel Erntedank, indem es komplette Straßenzüge mit bunten Blumen und Früchten schmückt; ein marokkanisches Haus überrascht durch seine souveräne Stilmischung aus modernen und traditionellen Elementen; in einem Haus auf Mauritius verleiht eine Muschelsammlung einem kleinen Beistelltischchen ungewohnte Pracht; in Schweden werden an Weihnachten Blumen auf die blank gescheuerten Dielen der Wohnräume gestreut und in einem rumänischen Dorf tragen Frauen ihr Kochgeschirr ins Freie, um dort ein Hochzeitsmahl vorzubereiten; Momentaufnahmen, die uns die Vielfalt menschlicher Lebensstile und Traditionen vor Augen führen und uns als Inspiration

CHILOÉ

MEXIKO

für die Gestaltung unserer eigenen individuellen Lebens- und Wohnwelten dienen können.

Doch bevor man sich den vielfältigen Einrichtungsideen widmen kann, bevor man sich mit der Ausstattung und Dekoration seines Wohnraums beschäftigt, gilt es, ein paar grundsätzliche Entscheidungen zu treffen. Die Frage, wo wir leben möchten, steht am Anfang unserer Überlegungen. Sicher haben wir nicht immer die freie Wahl, sind beruflich oder anderweitig an einen Ort gebunden oder stehen aus finanziellen Gründen nicht vor der Alternative: das Strandhaus in Chile oder das an der Westküste Frankreichs, das Apartment in Paris oder das Loft in New York? Dennoch sollten wir uns aber bemühen, uns ein Umfeld zu suchen, in dem wir uns einigermaßen wohl fühlen, und eine Architekturform zu wählen, die uns am ehesten entspricht. Der eine braucht die Nähe zum Wasser, der andere muss ins Gebirge oder kann ohne den Anblick von Feldern und Wiesen nicht sein. Wer die Stadtluft zum Leben braucht, für den eröffnen sich ebenfalls mehrere Möglichkeiten: Ein „Brownstone"-Haus in New York oder ein Londoner Bürgerhaus, das umgebaute Fabrik-Loft in Berlin oder ein Penthouse in Paris, eine um mehrere Innenhöfe errichtete Wohnanlage in Südostasien, ein Neubau, ein Altbau, eine afrikanische Lehmhütte, die mit den benachbarten Häusern eine organische Einheit bildet ...

Von den verschiedenen Wohnformen weltweit wird der Bogen zum individuellen Design geschlagen, zu den verschiedenen Interieurs, Ornamenten und Arrangements, die sich in einzelnen Häusern und ihren Räumen finden. Die

BALI

SUMBAWA

Bilder dieser Kapitel leben dabei vom Kontrast zwischen Schlichtheit und Pracht, coolem Minimalismus und barocker Fülle, bewusster Urbanität und rustikalem Touch. Sie bestechen durch die Gegensätze klassisch – romantisch, rau – glatt, modern – postmodern und zeigen zahlreiche verschiedene Stilrichtungen: Der englisch-georgianische ist dabei ebenso vertreten wie der französische Neoklassizismus, der asiatische Minimalismus genauso wie die gesamte Pracht des Orients und der Kolonialstil, bei dem der europäische Geschmack eine überaus harmonische Verbindung mit den traditionellen Wohnformen der einheimischen Bevölkerung eingegangen ist. Manchmal gilt die Aufmerksamkeit eher einem postmodernen Stilmix, dann wieder einem klassisch-eleganten Interieur. Entscheidend ist aber, dass jedes vorgestellte Ambiente auf seine Weise einzigartig ist und dennoch häufig ganz ähnlichen Grundprinzipien folgt, was die Gestaltung der Türen, Treppen oder Fenster angeht oder das Platzieren

SALZBURG

GOA

von Möbeln, die Wahl der Farben und Materialien. So vermischen sich etwa in einer Londoner Wohnung skandinavische und orientalische Einflüsse zu einer äußerst modernen Inneneinrichtung, während ein Wohnzimmer in Versailles durch seine Kolonialmöbel besticht; und so mancher Wohn- und Schlafraum in Marokko mit seiner zurückhaltenden Ausstattung könnte auch einem Nordeuropäer als Vorbild dienen.

Doch die schönste Wohnung, die beste Einrichtung kann nicht überzeugen, wenn die Details nicht stimmen. Deshalb steht das vierte Kapitel im Zeichen der Dinge, die einem Raum erst das gewisse Etwas verleihen: Es zeigt, wie man unterschiedliche Objekte an den Wänden, in Vitrinen und Regalen arrangieren kann, bringt

Beispiele für eine gelungene Kombinationen von Bildern oder anderen Kunstgegenständen und gibt Anregungen, wie man damit auch in problematischen Bereichen wie Treppenhäusern, Fluren oder Eingangshallen, die normalerweise kaum in die Dekoration einbezogen werden, Akzente setzt. So manches mag skurril oder improvisiert wirken, vielleicht weil der Anstrich verblasst ist, das Mobiliar Schrammen hat, das Sofa schon etwas abgenutzt ist, Möbel ungewöhnlich platziert wurden oder das ein oder andere Objekt völlig zweckentfremdet wurde. Doch das zeugt nicht etwa von Gedankenlosigkeit oder gar von schlechtem Geschmack, sondern beweist – übrigens genau wie die Bilder an der Wand oder das wilde Sammelsurium von abgewetzten Lieblingsgegenständen –, dass in diesen Häusern und Wohnungen jemand seinen ganz persönlichen Rückzugsraum geschaffen hat.

Die ausgewählten Motive zeigen dabei viel mehr, als man auf den ersten Blick erkennt: Sie erzählen vielleicht eine Lebensgeschichte, halten an einer Familientradition fest, bezeugen den tiefen Respekt vor der Volkskunst und

QUEBEC

NIZZA

belegen die große Sorgfalt, mit der Farben, Materialien, Möbel und Dekorationselemente ausgewählt wurden.

Zum Schluss treten wir wieder über die Türschwelle hinaus ins Freie und statten den Loggien, Veranden, Patios, Höfen und Gärten einen Besuch ab. In manchen Fällen reicht es schon, einen Tisch und ein paar Stühle aufzustellen, um sich eine Oase der Ruhe zu schaffen, manchmal werden mit großem Aufwand Wohnräume unter freiem Himmel inszeniert, andere wiederum kreieren auf winzigen Balkonen eine eigene Welt, liebevoll gestaltet mit üppigen Blumen und Grünpflanzen in großen Terrakottatöpfen, bunter Keramik und hier und da etwas Krimskrams.

Verlassen wir das Haus oder den Garten, öffnet sich unser Blick für das bunte Treiben auf der Straße – sie ist Verkehrsader, Umschlagplatz für Waren und Treffpunkt zugleich. Manchmal liegt sie völlig verlassen da, dann herrscht dort wieder reger Betrieb, auf dem Dorf ebenso wie in der Stadt. Tauchen wir ein in das bunte Treiben! Die hier abgebildeten Markt- und Straßenszenen warten mit einer Fülle von Details auf, die es wert sind, genauer betrachtet zu werden: alte Ladenfronten, bei denen man denken könnte, die Zeit sei stehen geblieben, Berge von Konsumgütern und Haushaltsgegenständen, die ebenso liebevoll ausgewählt wie präsentiert werden. Solche Orte, ganz egal in welchem Land, strahlen eine Hoffnung und Lebensfreude aus, die ansteckend und inspirierend sind und die einmal mehr belegen, wie zahlreich die Möglichkeiten sind, wie wir unsere nächste Umgebung gestalten können. Und so endet das Buch mit einer Hommage an die Menschen dieser Welt, die zu dieser Vielfalt der Lebens- und Wohnkulturen beitragen.

IRLAND

ROM

WO WIR LEBEN

WOHNEN WELTWEIT

AM WASSER

AUF DEM LAND

IN DER STADT

FENSTER ZUR WELT

Die Fähigkeit, mit den eigenen Händen und mit Hilfe von neu entwickelten Werkzeugen eine schützende Behausung zu errichten, bedeutete einen enormen Schritt in der Menschheitsgeschichte. Die Notwendigkeit, für sich, die eigene Sippe, Dorf- oder Stadtgemeinschaft Häuser zu bauen, mag überall auf der Welt dieselbe sein – das daraus resultierende Formen- und Stilrepertoire hängt dagegen größtenteils von den Gegebenheiten vor Ort ab: von der Verfügbarkeit von Holz, Stein, Lehm oder Metall aber auch von den handwerklichen Kenntnissen, diese Materialien zu bearbeiten.

Zwischen den Extremen Hüttendorf und Großstadtmetropole liegt eine Fülle von individuellen Wohn- und Lebensformen. Es ist verblüffend, wie erfinderisch der Mensch werden kann, wenn es darum geht, sich unter den verschiedensten Bedingungen ein Zuhause zu schaffen. Egal, ob wir in ein bereits vorhandenes Gebäude ziehen, in dem schon andere ihre Spuren hinterlassen haben, oder uns ein Haus nach eigenen Plänen bauen: Es macht einfach Spaß, neue Räume zu beziehen und nach unseren Vorstellungen zu gestalten. Manche der hier gezeigten Häuser wirken wie Trutzburgen, andere verschmelzen aufgrund ihrer Form und der verwendeten Baumaterialien so mit der Landschaft, dass sie kaum noch von ihrer Umgebung zu unterscheiden sind.

Es gibt natürlich auch Bauwerke, die alles andere in den Schatten stellen – wie die hoch aufragenden Wolkenkratzer von Manhattan. In so einer Großstadtmetropole gibt es die aufregendsten Wohnmöglichkeiten: Ob Bürgerhaus, Apartment, Loft oder Penthousewohnung – sie alle erfüllen ihre Eigentümer mit demselben Stolz wie den Burgherrn das Schloss seiner Ahnen. Die Dominanz dieser Gebäude über die Umgebung heißt aber noch lange nicht, dass Ballungsräume völlig von der Natur abgeschnitten sein müssen: Die gewaltigen Lehmburgen der Berber im marokkanischen Dra-Tal passen sich farblich und architektonisch perfekt in die beeindruckende Landschaft ein.

Wer das Wasser liebt, spielt vielleicht mit dem Gedanken, an einen See, Fluss oder ans Meer zu ziehen. Viele der Wohnungen am Wasser, denen der erste Teil dieses Kapitels gewidmet ist, sind für ihre Besitzer richtige Refugien. Frei stehende Cottages, Villen mit Veranden oder Terrassen sowie Wohnungen mit Meerblick bieten eine reizvolle Alternative zum Leben in der Stadt – nicht zuletzt deshalb, weil hier Licht und Luft von einer ganz besonderen Qualität sind, eine Leuchtkraft und Frische besitzen, die den Lärm und Schmutz der Großstadt sofort vergessen machen.

Die Möglichkeiten, am Wasser zu wohnen, sind so vielfältig, dass es schwer fällt, sich für eine der gezeigten Varianten zu entscheiden. Wenn wir die freie Wahl hätten, wo würden wir am liebsten leben? An der Westküste Irlands, in der Einsamkeit der Moore und Seen Connemaras? Hier kann man am Ufer eines einsamen Sees die Ruhe und den Frieden finden, den man in der Großstadt

ÎLE DE RÉ

so oft vermisst. Oder erfüllen wir uns auf einer Insel unseren ganz persönlichen Traum vom Wohnen? Auf einem Eiland wohnt man abgeschieden, erlebt die Naturgewalten und die Weite des Ozeans – etwas, an das man durch das kontinuierliche Rauschen des Meeres unablässig erinnert wird.

Architekten wussten das Element Wasser als schmückendes Beiwerk schon immer zu nutzen: Zierteiche, künstliche Bäche, Wasserfälle, Kaskaden, Brunnen, Kanäle, ja ganze Seen schmücken seit jeher nicht nur die Schlösser und Herrenhäuser Europas, sondern auch Innenhöfe in orientalischen und asiatischen Anwesen. Plätschernde Brunnen oder stille Gewässer in Haus und Garten sorgen für Ruhe und Entspannung.

Die Beziehung zwischen Haus und Landschaft kann sehr unterschiedlich sein. Manche Bauten werden ohne Rücksicht auf ihre Umgebung aus dem Boden gestampft, andere thronen hoch oben auf einem Hügel und dominieren ihre ganze Umgebung, während sich wieder andere hinter einer Baumgruppe verstecken. Einige

PARIS

Häuser liegen in künstlich angelegten Parkanlagen und Gärten, andere greifen den Charme und die Eigenheiten ihrer Umgebung in der Architektur wieder auf, und manche – vor allem frei stehende Häuser – wirken wie Fremdkörper. Um diesem Eindruck entgegenzuwirken, wird bei der Wahl der Baumaterialien verstärkt auf Traditionen und kulturelle Besonderheiten Rücksicht genommen. Außerhalb Europas, zum Beispiel in Lateinamerika, Afrika, Südostasien und ganz besonders auf Mauritius, wird mit dem Baumaterial so sensibel umgegangen, dass Architektur und Landschaft eine harmonische Einheit bilden. Lang gestreckte, niedrige Häuser mit Schatten spendenden Loggien und großen Veranden bieten nicht nur zuverlässigen Schutz vor der Hitze. Je niedriger der Bau, desto besser passt er sich der Umgebung an und ist inmitten der üppigen Vegetation kaum noch auszumachen. Dieses Bauprinzip illustrieren zwei wunderschöne Häuser, von denen sich eines in

Goa, das andere in Sri Lanka befindet. Diese Gebäude scheinen sich in der Ebene auszubreiten, anstatt wie bei uns üblich, in den Himmel zu ragen, um die eigene Bedeutung zu unterstreichen.

Viele der hier gezeigten Häuser weisen regionale und kulturelle Eigenheiten auf, die ihnen einen besonderen Charme verleihen. So spiegelt selbst noch das bescheidenste Haus in Los Angeles die Ästhetik der Moderne wider, der sich diese amerikanische Großstadt seit Beginn des 20. Jahrhunderts verschrieben hat. Ganz anders ein Hotel in Kenia, das deswegen so reizvoll ist, weil es aus mehreren luxuriös ausgestatteten „Hütten" besteht, die nach traditioneller Bauweise mit regional typischen Materialien errichtet wurden. Das Areal ist kein Fremdkörper in der Natur, sondern passt sich perfekt ein. Für die Gäste erhöht sich dadurch der Eindruck des unmittelbaren Erlebens von fremder Tradition und Kultur.

Was für das frei stehende Haus gilt, trifft natürlich auch auf Siedlungen, Dörfer und Städte auf der ganzen Welt zu. Sie entstanden in Gegenden, die besonders fruchtbar waren, Wachstum und Wohlstand versprachen oder sich durch eine besondere geographische Lage auszeichneten. Um dem menschlichen Schutzbedürfnis ge-

GRENOBLE

recht zu werden, verstärkte man das Gefühl von Sicherheit durch Stadtmauern oder nutzte natürliche Barrieren wie Gewässer und Berge. Die so im Laufe der Jahre entstandenen Ballungszentren veränderten das Leben der Menschen. Bestimmte Dienstleistungsformen wurden entwickelt, die immer größer werdende Gemeinschaft musste anders organisiert und neue Wohnkonzepte mussten entwickelt werden. Keine leichte Aufgabe, denn selbst die kleinste gut organisierte Dorfgemeinschaft kennt die Spannungen und Widersprüche, die auftreten, wenn gewachsene Strukturen verändert werden müssen. Die boomenden Städte hatten mit dem Konflikt zwischen traditionellen Vierteln und neuen, am Reißbrett geplanten Stadtbezirken zu kämpfen. Und sie mussten Antworten auf die Frage finden, wie sich das Bedürfnis nach Privatsphäre mit dem rapide ansteigenden Wohn-, Transport und Konsumbedarf vereinbaren ließ. Viele der hier abgebildeten Privathäuser und Wohnblocks in modernen Großstädten zeigen, wie man in der Vergangenheit und der Gegenwart versucht, diese Probleme in den Griff zu bekommen. Die Straßenzüge von Bath, Stockholm, Teilen Londons oder New Yorks lassen erkennen, dass sie geplant wurden, um dem wohlhabenderen Bürgertum in Reihenhäusern, die mit Giebeln und Säulen geschmückt sind, eine standesgemäße Wohnmöglichkeit zu bieten. Die Wolkenkratzer der Moderne, die mit der Erfindung des Stahlbetons überhaupt erst möglich wurden, durch gestiegene Grundstückspreise und Platzmangel heute aber oft die einzige Baualternative in Großstädten sind, sind weitere Versuche, eine wachsende Zahl von Menschen in Ballungsräumen unterzubringen und ihren Bedürfnissen so weit als möglich gerecht zu werden.

Gerade in Großstädten, in denen häufig lieblose Wohnblocks das Bild prägen, sollten im Grunde einfache architektonische Regeln beachtet werden. Fenster, Türen, Glas bestimmen nicht nur die ganze Fassade, sondern auch den Gesamteindruck von Plätzen und Straßenzügen – ihre Anordnung und Größe entscheidet darüber, ob ein Raum hell und luftig wirkt oder Platzangst auslöst. Geschlossene Fenster und Türen sorgen für Privatsphäre, verbinden uns aber gleichzeitig mit der Außenwelt. Denn ob es uns nun gefällt oder nicht, das Grau eines Regentags oder tanzende Sonnenstrahlen auf den Wänden spielen für unser Wohlbefinden eine genauso große Rolle wie die Anzahl der Bäder, die Wahl der Möbel oder die Farbe der Wände.

NIZZA

Vorangegangene Seiten
Es gibt kaum einen Ort auf der Welt, und sei er noch so unwirtlich, an dem der Mensch keine Spuren hinterlassen hat. Während das manchmal nur unter schwierigen Bedingungen möglich war und immer noch ist, sind andere Landschaften wie etwa die Toskana *(s. auch S. 27)* so fruchtbar und abwechslungsreich, dass sie geradezu geschaffen dafür sind, vom Menschen besiedelt zu werden. Wohin der Blick auch fällt, entdecken wir Dörfer, die sich inmitten von üppigen Weinbergen eng an einen Hügel schmiegen, umgeben von den hohen Silhouetten der Zypressen.

Mit der Wahl unseres Wohnorts entscheiden wir uns häufig auch für einen ganz bestimmten Lebensstil. Dieses Haus in der Nähe von Kapstadt *(oben)* steht inmitten der weitläufigen Weinberge seiner Besitzer. Eine andere Form der Einsamkeit hat dieser Fischer gewählt, der sein Haus an einem See in Schottland errichtet hat *(unten)*.

Dieses Bauernhaus auf einem Hügel inmitten der klassischen toskanischen Landschaft wirkt, als sei die Zeit stehen geblieben *(oben)*, oder als würde man auf ein Renaissancegemälde blicken. Hier haben wir es mit einem der seltenen Fälle zu tun, in denen der Mensch Häuser, Dörfer und Städte geschaffen hat, die im Einklang mit der natürlichen Umgebung stehen.

Der Freizeitwert eines bestimmten Landstriches kann den Lebensstil seiner Bewohner ebenfalls beeinflussen: Von diesen Chalets in den Bergen ist es nicht weit zu den Skipisten von Haute-Savoie *(unten)*.

SIEHE AUCH

DGES IN SCHOTTLAND 14 30
.USER IN DER TOSKANA 188 217 340
SKIHÜTTEN 42 238 239 383

KORSIKA

KUBA

CHILOË

SCHOTTLAND

BURUNDI

CHILE

TANGER

MASSACHUSETTS

KANADA

MEXIKO

MASSACHUSETTS

RUMÄNIEN

Die Städte, Dörfer oder Häuser, in denen wir leben, fügen sich auf ganz unterschiedliche Weise in die Landschaft ein *(linke Seite)*. Manche harmonieren so perfekt mit ihrer Umgebung, dass man meinen könnte, sie seien ihr regelrecht entwachsen wie dieses Dorf in Burundi oder das auf den Hügeln gelegene Städtchen auf der Insel Korsika. Andere, wie der schottische Jagdsitz oder das Farmhaus in Massachusetts, wirken eher so, als wollten sie die Landschaft dominieren.

Eine wichtige Form, sich die Natur zunutze zu machen, ist die Landwirtschaft; in dieser ländlichen Gegend in Wales *(rechts)* wird das Vieh über die Landstraßen getrieben – die Tiere haben immer Vorfahrt.

AM WASSER

Behausungen am Wasser – am Meer, am See- oder Flussufer – gibt es seit der Frühphase menschlicher Siedlungsgeschichte. Das Wasser war ein Garant für Nahrung, diente als Verkehrsweg und in manchen Fällen auch zur Verteidigung. Dieses einfache, an einem See gelegene Haus in Connemara, Westirland, wirkt vor den riesigen Wasser- und Landmassen jedoch eher klein und verloren.

So unterschiedlich die hier gezeigten Beispiele für das Leben am Wasser auch sind *(folgende Seiten)*, haben sie doch eines gemeinsam: Die Präsenz des Wassers lässt sie immer wieder in einem anderen Licht erscheinen. Im Fall von Venedig oder Stockholm sind es ganze Städte, die durch ihre Lage am Meer einen ganz besonderen Charme erhalten. Aber auch frei stehende Häuser – an einem natürlichen oder künstlichen Gewässer gelegen – erhalten dadurch eine zusätzliche Dimension.

SRI LANKA

LAGUNE VON VENEDIG

CHILOË

MARSEILLE

SANTORIN

IRLAND

BORA-BORA

BURGUND

ÎLE DE RÉ

STOCKHOLM

NORWEGEN

BALI

Das Licht am Meer ist strahlender, lebendiger und klarer als das im Hinterland und verleiht den hier gezeigten Küstenorten trotz ihrer eher alltäglichen Architektur etwas Anziehendes. Während der eine in das kalte Licht der schottischen Küste getaucht ist *(oben)*, erstreckt sich der andere Ort unter einem südlicheren Himmel: Er liegt auf der Insel Chiloë.

Auch diese beiden Häuser werden durch die Gegenwart des Wassers belebt und erhellt. Diese Terrasse eines Sommerhauses im Süden von Chile *(oben)* gibt einem das Gefühl, direkt über dem Meer zu schweben. Von der Loggia einer Villa auf Mauritius *(unten)* eröffnet sich ebenfalls ein großartiger Blick auf das nahe gelegene Gewässer.

SIEHE AUCH

HÄUSER IN CHILE	54 70 71 140 141 196 249 333 371 379
VERANDEN	43 54 374 375 376 378 379 380 381 382 383 384 385
HÄUSER AM MEER	38 48 49 78 134 384
KIRCHEN	30 57 60 64 65 66

Ein Haus am Meer oder auf einer Insel bietet die Möglichkeit, dem immer hektischeren Leben in der Stadt zu entfliehen. Die Besitzer dieses Hauses *(oben und unten)* auf der Île de Ré vor der Westküste Frankreichs legten bei der Gestaltung der hellen Innenräume, die sichtbar vom klaren Insellicht profitieren, großen Wert auf Schlichtheit. Auf einer anderen französischen Insel, Korsika, kreieren die Besitzer dieses Hauses *(rechte Seite)* phantastische Möbelskulpturen aus angespültem Treibholz, die sie in den Räumen ihres Domizils präsentieren.

SIEHE AUCH

HÄUSER AM MEER	36 37 48 78 134 384
STOFFÜBERWÜRFE	113 179 183 190 260 297 302 307 313
STEINWÄNDE	122 246 265
FERIENHÄUSER	95 118 123 124 136 265
MONOCHROMES DEKOR	44 95 126 308 328
HÄUSER AUF DER ÎLE DE RÉ	35 134 136 341

AUF DEM LAND

Der Standort aller hier abgebildeten Häuser *(diese und folgende Seiten)* ist sehr bewusst gewählt. Jedes der Gebäude passt sich perfekt in die Umgebung ein und ist den klimatischen, topographischen und kulturellen Gegebenheiten entsprechend gestaltet: üppig-dekorativ in Sri Lanka *(oben)*; vorstädtisch-verträumt in Quebec *(unten)*; minimalistisch-modern in Belgien *(rechte Seite oben)* und gustavianisch-klassizistisch in Schweden *(rechte Seite unten)*.

SIEHE AUCH
ORIENTALISCHE HÄUSER 53 150 156 158 159
GIEBELDÄCHER 43 52 53 58 83

Folgende Seiten
Die meisten dieser Anwesen sind Herrenhäuser, in denen die Besitzer mehr oder weniger großer Ländereien wohnen. Historische, soziale, aber auch geographische Faktoren prägen die Architektur der Gebäude: Die Palette reicht von europäischem Klassizismus, wie er beispielsweise in Schweden oder Frankreich zu finden ist, über maurische Einflüsse in Andalusien bis hin zu dekorativen Schnitzwerkelementen an Häusern in Thailand.

SIEHE AUCH

VERANDEN	37 43 54 374 375 376 377 378 379 380 381 382 383 384 385
SÄULEN UND PILASTER	16 21 322 330 333
GUSTAVIANISCHER STIL	214 215 216 220

CHILE

SCHWEDEN

BURGUND

CHILOË

MAURITIUS

HAUTE-SAVOIE

KANADA

MAURITIUS

BURGUND

BANGKOK

LOT

ANDALUSIEN

DORDOGNE

KANADA

LUCCA

SCHOTTLAND

KANADA

SRI LANKA

Ein großes Haus verspricht Schutz und Komfort, egal ob in der Stadt oder auf dem Land. Nachdem die Schutzfunktion mit der Zeit immer mehr in den Hintergrund rückte, konzentrierte man sich zunehmend auf dekorative Elemente – eine Tendenz, die in der Ausschmückung der berühmten italienischen Renaissance- und Barockpaläste ihren Höhepunkt erreichte. Die Sommerresidenz der berühmten Adelsfamilie Chigi in Rom ist ein prächtiges Beispiel für opulente Dekoration *(rechts)*.

SIEHE AUCH

PALÄSTE DER CHIGI 193 201 203 293 347

WÄNDE MIT PATINA 160 176 181 184 203 232 245 255

MARMORKAMINE 114 190 259 265 295

PALAZZI IN ITALIEN 182 184 186 322

Herrenhäuser in ehemaligen europäischen Kolonien bestechen oft durch einen interessanten Stilmix: Dieses palastartige Gebäude in Goa *(oben)* weist zum Beispiel indische und portugiesische Merkmale auf, während das Landhaus in Sri Lanka *(unten)* an eine englische Vorstadtvilla erinnert. Die kunstvoll dekorierte Fassade mit ihren zahlreichen Balkonen verleiht dem Haus in Goa eine typisch iberische Grandezza, in der sich der luxuriöse Lebensstil der vornehmen Familie widerspiegelt, für die es im 18. Jahrhundert einst erbaut wurde.

SIEHE AUCH

HÄUSER IN GOA 16 65 142
HÄUSER IN SRI LANKA 146 149 385
ZIEGELDÄCHER 43 58 356 396

Im Bragança-Palast in Goa *(oben und unten)* gelangt man durch Türen mit kunstvoll durchbrochenen Schnitzereien von einer Galerie zur nächsten. Der hier abgebildete prachtvoll dekorierte Ballsaal wurde im 19. Jahrhundert neu gestaltet; der Boden besteht aus italienischem Marmor, in dem sich das Licht der belgischen Kronleuchter spiegelt. Durch die bogenförmigen Fenster fällt zusätzlich Licht in das gesamte Obergeschoss.

Dort, wo die Natur Baumaterialien in Hülle und Fülle liefert, scheinen sich Formen und Farben der Vegetation und der Umgebung auch auf die Häuser zu übertragen. Dieses am Wasser gelegene Gebäude, das sich in Gauguins Inselparadies Tahiti befindet *(oben)*, ist kaum von seinem Umfeld zu unterscheiden. Auch das Anwesen in Kenia *(unten)* sieht aus, als sei es aus der Erde, auf der es erbaut wurde, hervorgegangen. Das baldachinartige Dach erinnert an die Baumkronen im Urwald.

Die Idee, lokale Baumaterialien zu verwenden, setzt sich immer mehr durch; selbst große Hotelketten berücksichtigen dieses Prinzip mittlerweile bei der Errichtung von Neubauten. Die Entwicklung zeigt auch, dass man sich der Kultur und der Traditionen eines Landes bewusst ist und diese respektiert. Dieses Hotel in Kurayu, im Norden Kenias an der Grenze zu Somalia gelegen, gliedert sich in zwanzig kleine „Häuser“ *(oben und unten)*. Durch diese Bauweise bleiben die Gäste ungestört, müssen aber dennoch nicht auf die Annehmlichkeiten des modernen Hotellebens verzichten. Die separaten Wohneinheiten bestehen aus Palmblättern, die gemäß der lokalen Bautradition miteinander verwoben wurden.

Folgende Seiten
Auch dieses Privathaus auf der indonesischen Insel Sumbawa, östlich von Bali und Lombok, wurde aus einheimischen Materialien errichtet. Die Einrichtung dieses herrlichen Anwesens verrät bereits etwas über den Besitzer: ein Künstler, der vor allem mit Holz arbeitet. In der Tradition der Eingeborenen, die massive Holzstämme aushöhlen, um Kanus oder Einbäume herzustellen, kreiert er wunderbar eigenwillige Objekte.

SIEHE AUCH

HÄUSER AM MEER	36	37	38	48	78	134
	384					
STROHDÄCHER	35	150	152	171	400	456
HÄUSER AUF SUMBAWA	16	375				
GEWÖHNLICHE SOFAS	298	302	345	347		

SAN FRANCISCO

KARIBIK

CHILOË

MAURITIUS

NEPAL

KAIRO

FLORIDA

SCHOTTLAND

BANGKOK

SLOWAKEI

LOS ANGELES

BURUNDI

SALZBURG

MAURITIUS

SAN FRANCISCO

MAURITIUS

MAURITIUS

IRLAND

KANADA

MAURITIUS

THAILAND

CHILE

BALI

CHILOË

Vorangegangene Seiten
Der moderne Bungalow in Los Angeles, die Villa im Stil der Normandie auf Mauritius, das orientalische Anwesen in Kairo – sie alle sehen so aus, als lägen sie am Stadtrand, dort, wo ländliche und städtische Elemente zusammentreffen. So unterschiedlich sie auch sein mögen, verkörpern sie doch einen ganz eigenen Stil zwischen Land- und Stadthaus.

Viele der hier abgebildeten Häuser *(linke Seite)* stehen dagegen mitten in der Stadt. Einige von ihnen, wie die 1894 erbauten Häuser auf den Hügeln von San Francisco, die so genannten „Painted Ladies", oder die elegante georgianische Villa in Irland, wirken wie Inseln der Ruhe, so, als könne ihnen das hektische Großstadtleben nichts anhaben.

Gemeinsamkeiten und Unterschiede: Kurioserweise ähnelt die Fassade dieses Hauses, das im Museumsdorf von Sturbridge, Massachusetts, rekonstruiert wurde, ihren Vorbildern in englischen oder niederländischen Städten kaum *(oben rechts)*. Dagegen hat es dieselben Proportionen wie dieser typische Wohnblock im ägyptischen Luxor *(unten rechts)*.

SIEHE AUCH

VERANDEN	37	41	43	54	374	375
	376	377	378	379	380	381
	382	383	384	385		
BALKONE	10	21	59	374	383	384
FENSTER	74	75	76			
TÜREN	70	71	348	352	353	
GEMUSTERTE FASSADEN	15	58	67	75	357	
HÄUSER IN ÖSTERREICH	204	348				
PORZELLANDEKO	220	236	238	320	361	
DEKORATIVE FASSADEN	58	67	75	460		

STOCKHOLM

MANHATTAN

STOCKHOLM

NIZZA

BATH

MANHATTAN

IN DER STADT

Die großen Stadthäuser *(linke Seite)* bieten vielen Menschen auf engem Raum Platz. „Brownstone"-Häuser in Manhattan mit ihren typischen Sandsteinfassaden und den zum Eingang hinaufführenden Freitreppen sowie ähnliche Gebäude aus dem 19. Jahrhundert in England, Irland und Nordeuropa sorgten dafür, dass der aufkommende Mittelstand auch in der Stadt möglichst komfortabel leben konnte. Der zunehmende Bedarf an Wohnungen führte jedoch im Laufe der Zeit dazu, dass viele dieser Gebäude in Apartmenthäuser umgewandelt wurden; die Wohnungen werden dabei in der Regel stark verkleinert.

Die „Hauptstraße" gibt es überall auf der Welt – in Brasilien *(oben rechts)* ebenso wie in Irland *(unten rechts)*: Hier trifft man sich, erledigt seine Einkäufe, tauscht Neuigkeiten aus und trinkt einen Kaffee oder ein Bier. Allerdings ist im Norden das Leben auf der Straße schon aus klimatischen Gründen weniger ausgeprägt als im sonnigen Süden. Leider ging die Bedeutung der Hauptstraße für das öffentliche Leben in den vergangenen Jahren etwas zurück, da Einkaufs- und Freizeiteinrichtungen verstärkt an den Stadtrand oder in die Industriegebiete verlagert werden.

SIEHE AUCH
BROWNSTONE-HÄUSER 68
HAUPTSTRASSEN 62 63
LADENFRONTEN 421 434 435
KIRCHEN 30 36 60 64 65 66

Der steigende Bedarf an Wohnraum und Gewerbeflächen hat das Aussehen der Städte verändert. Überall dort, wo Baugrund rar und deshalb unerschwinglich geworden ist, baut man in die Höhe. Der Kreativität der Architekten und Dekorateure sind dabei kaum Grenzen gesetzt. Auch wenn diese beiden Beispiele völlig andere Funktionen haben – hinter der traditionellen Fassade *(linke Seite)* befindet sich das Postamt von Trivandrum, Kerala, rechts sieht man ein modernes Apartmenthaus in Kairo –, sind sie Ausdruck derselben Notwendigkeit, verstärkt in die Höhe zu bauen.

SIEHE AUCH

GIEBELDÄCHER	40	43	52	53	83	
BALKONE	10	21	54	374	383	384
GEMUSTERTE FASSADEN	15	55	67	75	357	
GARTENMÖBEL	374	380	386	387	403	
ZIEGELDÄCHER	43	46	356	396		
DEKORATIVE FASSADEN	54	58	67	75	460	

Manche Siedlungen, die nicht von Architekten am Reißbrett entworfen wurden, scheinen zu wuchern wie ein organisches Gebilde – so, wie dieses verwinkelte Labyrinth aus Wohngebäuden und Kirchen auf der griechischen Insel Santorin *(oben)*. Einen vollkommen durchgeplanten Grundriss hat dagegen die englische Stadt Bath mit ihren eleganten Häuserzeilen *(unten)*.

Wie die Bergdörfer auf Santorin fügen sich auch die Lehmburgen der Berber im Dra-Tal, Marokko, in die felsige Umgebung ein *(oben)*. Solche *Kasbahs* belegen seit Jahrhunderten, dass eine große Anzahl von Menschen auf engstem Raum zusammenleben kann – lange, bevor Wohnblocks mit Flachdächern und Industriegebäude wie hier in Manhattan hochgezogen wurden *(unten)*.

Diese verschneite Straße in Quebec wirkt ohne störenden Verkehr gleich wesentlich einladender. Diese verschachtelten, eng zusammenstehenden Häuser verlangen von ihren Bewohnern Toleranz und einen gewissen Sinn für Gemeinschaft.

Flanierende Fußgänger bringen Leben in jede Stadt. Während das farbenfrohe Treiben auf der Straße in manchen Teilen der Welt, wie hier in Lucban auf der Philippineninsel Luzon, völlig selbstverständlich ist, gibt es in zahlreichen Städten des Westens dafür sogar Gesetze – die Rede ist natürlich von Fußgängerzonen.

SIEHE AUCH
HAUPTSTRASSEN 57 62
LUCBAN 15 460 461 463

Als Stätten der inneren Einkehr und des Gebets sind Gotteshäuser ein wesentlicher Bestandteil des Lebens in jeder Gemeinschaft. Architektur und Ausstattung spiegeln die Haltung der Gesellschaft zur Religion wider und lassen erkennen, wie sie ihren Glauben praktiziert. In dieser kleinen Kirche in der südchilenischen Atacama befinden sich zahlreiche Heiligendarstellungen und dekorative farbige Elemente im Altarraum *(oben)*, die auch die Traditionen der einheimi-schen Bevölkerung zeigen. Die Schmucklosigkeit der spartanisch ausgestatten Methodistenkapelle in einem Waliser Dorf *(unten)* entspricht wiederum dem Puritanismus dieser christlichen Glaubensrichtung.

In ihren Gotteshäusern finden die Mitglieder einer Gemeinschaft Trost und Hilfe, egal, woran sie glauben oder zu welcher Konfession sie sich bekennen. Die in vielen Religionen prächtige Innenausstattung von Kirchen, Kapellen, Tempeln und anderen Gebetshäusern soll den Menschen, deren oft einfache Behausungen in starkem Gegensatz zur Opulenz der Kirchen und ihrer Altäre stehen, einen festlichen Eindruck vermitteln. Die hier gezeigten Kirchen befinden sich in Chile *(beide Abbildungen oben sowie unten links)* und in einem Palast in Goa *(unten rechts)*.

Folgende Seiten
Dass Gotteshäuser zu den wichtigsten Gebäuden im Dorf oder in der Stadt zählen, ist den Bauwerken für gewöhnlich schon auf den ersten Blick anzusehen. Sie ziehen unsere Aufmerksamkeit auf sich, weil sie die meisten anderen Gebäude nicht nur überragen, sondern auch an architektonischer Pracht übertreffen.

SIEHE AUCH
HÄUSER IN CHILE 36 54 140 141 333
HÄUSER IN GOA 16 46 142
KIRCHEN 30 36 57 60 64 66
NISCHEN 15 84 344

COCHIN

SANTORIN

MEXIKO

CHILOË

MEXIKO

CHILOË

RUMÄNIEN

MANILA

COCHIN

MEXIKO

ST. PETERSBURG

MEXIKO GUATEMALA (RECHTS)

Dios
hombre
Jesus
y
Reina
1901

SCHANGHAI

CHILE

MEXIKO

SCHOTTLAND

TUNIS

KOPENHAGEN

MAURITIUS

IRLAND

CHILE

CHILOË

CHILOË

CHILE

Vorangegangene Seiten
Für Anhänger der Stadtplanung vom Reißbrett gibt es wohl kaum einen schöneren Anblick als Altbauhäuserzeilen, seien es nun die so genannten Brownstones in New York oder die typischen Bürgerbauten des 19. Jahrhunderts in England oder Holland. Die meist reich verzierte Eingangstür gehört zu den wichtigsten Merkmalen dieser alten Wohnblocks. Bei den „Brownstone"-Häusern wird ihnen durch großzügige Freitreppen, die vom Bürgersteig zum Haus führen, zusätzlich Bedeutung verliehen.

Als Verbindungsglied zwischen dem öffentlichen Leben auf der Straße und der Intimität der Wohnung gestaltete und dekorierte man die Haustüren in den meisten Kulturen mit besonderer Aufmerksamkeit *(beide Seiten)*. Vom klassischen Portal im irisch-georgianischen Stil bis hin zum orientalisch-geheimnisvollen Tor in Tunis erzählen uns all diese Türen etwas über das Gebäude, in das sie hineinführen.

ST. PETERSBURG

HELSINKI

HELSINKI

NORWEGEN

SALZBURG

LUXOR

KANADA

IRLAND

CHILE

SIEHE AUCH

TÜREN	54 70 348 352 353
BÖGEN	70 344 370 371
DEKO-SCHNITZWERK	335 348 351 354 356
HÄUSER IN CHILE	36 54 70 140 141 196 249 333 371 379
HAUSEINGÄNGE	336 344 352

SANTIAGO

NIZZA

BUDAPEST

NIZZA

SEVILLA

UMBRIEN

NEAPEL

SCHANGHAI

SÃO SALVADOR DA BAHIA

CHILOË

SCHWEDEN

LUXOR

ROM

PORTO

HAUTE-SAVOIE

CHILOË

MANHATTAN

PORTO

NEPAL

BANGKOK

PROVENCE

BOMBAY

ISTANBUL

ISTANBUL

BATH

NEAPEL

CHILE

NEPAL

PORTO

NIZZA

MAURITIUS

WIEN

CHILOË

MARRAKESCH

BUDAPEST

PALERMO

NEPAL (RECHTS)

GOA

GOA

NIZZA

MEXIKO

ARGENTINIEN

PARIS

FENSTER ZUR WELT

Nicht nur Türen, sondern auch Fenster sind ein Verbindungsglied zwischen dem öffentlichen Leben auf der Straße und der Intimität der Wohnung. Durch die Fenster können wir die Außenwelt von einem geschützten Platz aus beobachten; gleichzeitig lassen sie Licht und Luft herein. Wie die Haustür ist auch das Fenster ein wichtiges Detail, das aufgrund seiner dekorativen Rahmung oder Form den Gesamteindruck eines Gebäudes entscheidend beeinflusst. Die Variationsbreite reicht dabei von rein funktional, wie bei den auf *Seite 72–73* gezeigten traditionellen Häusern Bangkoks mit ihren grob strukturierten Fassaden oder dem Gebäude in Nepal, vor dem man unzählige Maiskolben zum Trocknen aufgehängt hat *(s. S. 77)*, bis hin zu herrschaftlich opulent.

Auch innenarchitektonisch gesehen spielen Fenster eine große Rolle *(beide Seiten)*. Man kann sie durch Gardinen, Jalousien und kunstvoll gearbeitete Fensterläden betonen, teilweise verhüllen oder ganz offen lassen, um vom Lieblingssessel aus die Aussicht zu genießen.

SIEHE AUCH					
BAUMWOLLVORHÄNGE	99	113	130	272	307
BOGENFENSTER	74	78	148	325	336
FENSTERLÄDEN, HOLZ	151	165	192	199	210
HÄUSER IN MEXIKO	30	171	246	277	355
LEHNSTÜHLE, HOLZ	128	135	158	310	456

IBIZA

Der Blick aus dem Fenster erinnert an ein gerahmtes Gemälde, gleichgültig, ob wir auf eine weite Landschaft oder nur auf das Haus gegenüber schauen: Die auf diesen Seiten abgebildeten Fotos zeigen ländliche Beschaulichkeit in Wales *(links)* und einen stillen Winkel in der kubanischen Hauptstadt Havanna *(rechte Seite)*. In beiden Fällen scheint uns das Fenster Zugang zu einer fremden und geheimnisvollen Welt zu verschaffen.

SIEHE AUCH					
FENSTERLÄDEN	74	75	76	78	79
FARBIGES GLAS	78	85	144	154	
HÄUSER IN WALES	222	224	234	235	338
ARBEITSZIMMER	132	206	314	456	457

Wie unterschiedlich Fenster oder Glastüren gestaltet werden können und was sich dahinter verbirgt, zeigen die hier und auf den folgenden Seiten abgebildeten Beispiele. Zunächst haben wir es mit klassischen „Zimmern mit Aussicht" zu tun. Bei diesem Haus auf Korsika *(oben links)* kann man durch die geöffnete Verandatür den Blick auf die Dachterrasse und die herrliche Landschaft im Hintergrund genießen. Die Fenster des Haupthauses dieser Farm in einem Freilichtmuseum in Massachusetts *(oben rechts)* sind eher zweckmäßig ausgerichtet: Man kann den Hof und einen Teil der Wirtschaftsgebäude jederzeit einsehen.

Aus diesem Pariser Apartment blickt man durch das hohe Flügelfenster auf ein wunderschön geschwungenes Balkongitter und die herrliche Architektur des Place de Vosges *(oben links)*. Durch Sprossenfenster betrachtet, wirkt die Außenwelt besonders dekorativ. Das gilt auch für diese Tür, die zum Garten eines englischen Cottage in Charleston, Sussex, führt und den Blick freigibt auf die Blütenpracht *(oben rechts)*.

BANGKOK

SCHANGHAI

ÎLE DE RÉ

KORSIKA

PARIS

KORSIKA

BANGKOK

PROVENCE

PROVENCE

PROVENCE

IRLAND

PARIS

WIE WIR LEBEN · KAPITEL DREI

WOHNDESIGN

DIE EIGENEN VIER WÄNDE

MODERN

TRADITIONELL-SCHLICHT

IM KOLONIALSTIL

PRUNKVOLL

RUSTIKAL

INDIVIDUELL

NOSTALGISCH

POSTMODERN

Angesichts des Ausmaßes an Zerstörung, das der Zweite Weltkrieg in Italien hinterlassen hatte, schrieb der Kunstkritiker und Gelehrte Mario Praz: „Man wird die Häuser wieder aufbauen, und so lange der Mensch noch einen Funken Leben in sich hat, wird er sie dekorieren und einrichten. So, wie sich unsere Vorfahren aus ein paar Ästen eine primitive Sitzgelegenheit bauten, so wird auch noch der letzte Überlebende einen Stuhl aus den Trümmern retten oder einen Baumstumpf finden, auf dem er sich ausruhen kann. Und wenn es ihm gelingt, für einen kurzen Moment das Leid um ihn herum zu vergessen, wird er sich daranmachen, seine Behausung zu verschönern.“ Praz’ Interesse für Innenarchitektur brachte ihn auf die Idee, eine bemerkenswerte Sammlung mit Originaldarstellungen von Innenräumen aus allen Epochen zusammenzustellen, die er schließlich unter dem Titel *An Illustrated History of Interior Decoration* veröffentlichte. Seine These über das tief in uns verwurzelte Bedürfnis, die Behausungen, in denen wir leben, zu verschönern, wird in *Wie wir leben* eindrucksvoll belegt: Alle hier gezeigten privaten und öffentlichen Räume sind sozusagen dekorative Vermächtnisse der Menschen, die sie geschaffen haben oder bewohnen.

Im Unterschied zu Praz' Werk dienen die Interieurs, die in diesem Buch abgebildet sind, weniger dazu, bestimmte Epochen zu illustrieren; sie sollen vielmehr zeigen, dass auch Einrichtungen bezaubern können, in denen das größte Durcheinander an Stilrichtungen, die scheinbar gar nicht zusammenpassen, herrscht. Denn wichtig ist vor allem, dass die Objekte gekonnt in Szene gesetzt werden. Egal, ob die Wohnräume nun luxuriös oder bescheiden sein mögen, diese Maxime gilt für das abgewohnte Haus mit Patina ebenso wie für das durchgestylte Apartment. So verschieden die hier vorgestellten Räume auch sind, haben sie eines gemeinsam: Ihre Bewohner beherrschen die Kunst des Arrangements. Den Anfang machen sehr puristisch gehaltene moderne Interieurs, gefolgt von immer dekorativeren und komfortableren Räumen; am Ende stehen Einrichtungen, in denen scheinbar grundverschiedene Elemente miteinander kombiniert werden.

NEW YORK

Eine moderne Ästhetik muss sich nicht notwendigerweise auf die zeitgenössische oder neuere Architektur beschränken – sie kann auch in einer Wohnung aus dem 17. Jahrhundert überzeugend wirken. So versteckt sich etwa eine der puristischsten Designvarianten, die in diesem Buch vorgestellt werden, hinter der viktorianischen Fassade eines Londoner Altbaus. Ein Charakteristikum dieser modernen Ästhetik ist das weitgehende Fehlen von frei stellbaren Möbeln. Nicht sie werden zum Blickfang, sondern die vorhandenen Wand- und Bodenflächen sowie andere fixe Architekturmerkmale wie Treppen, Bögen oder Fenster. Durch diese Kombination von traditioneller Architektur und modernem Interieur entsteht eine individuelle und äußerst reizvolle Spannung, insbesondere, wenn die verwendeten Möbel und Dekore hochwertig sind. Auch wenn die Innenarchitektur gewissen Moden unterworfen ist, gibt es so etwas wie einen guten Geschmack, der alle nationalen, regionalen und kulturellen Differenzen überwindet. So können ein minimalistisch eingerichtetes Apartment in Manhattan, ein orientalisches Haus in Marrakesch oder ein restauriertes Natursteinhaus in der Provence eine ganz ähnliche Atmosphäre haben.

Während viele Stilepochen von relativ homogenem Mobiliar gekennzeichnet sind, werden in postmodern eingerichteten Räumen verschiedene Objekte und Designrichtungen individuell kombiniert. Hier stehen preiswerte Klassiker aus dem Möbelhaus neben altem, eher rustikalem Mobiliar. Persönliche Lieblingsgegenstände, die etwas über die sportlichen oder kulturellen Interessen ihrer Besitzer verraten, spielen ebenfalls eine wichtige Rolle. Besonders gut eignen sich Küchen und andere Arbeitsräume für ungewöhnliche Kombinationen und Stillleben, die in eher konventionell gestalteten Wohnräumen befremdlich wirken könnten. Funktionale Küchenutensilien, Krimskrams und Objekte aus anderen Kulturen können dabei interessante Akzente setzen. Beispiele aus dem orientalischen sowie südostasiatischen Raum – minimalistische ebenso wie sehr dekorative – zeigen, wie ungeheuer inspirierend diese Stilelemente für die eigene Einrichtung sein können. So entfalten dekorative Lackmöbel ihre Wirkung überall auf der Welt und verleihen Apartments in London, Paris und New York einen Hauch von Exotik. Wenn sie außerhalb ihres ursprünglichen Kontextes

FINNLAND

eingesetzt werden, sind wir besonders empfänglich für die Aura dieser Möbelstücke und Objekte, die etwas über die Geschichte und Kultur ihres Herkunftslandes verrät.

Einflüsse anderer Kulturen finden sich auch unter der Rubrik „Im Kolonialstil" – eine Reihe von bestechend schönen Interieurs, die deshalb so reizvoll sind, weil sie verschiedene Stile in sich vereinen: Die spanische, die lateinamerikanische und philippinische, die englische und die Sri Lankas oder – wie in dem bemerkenswert schönen Palast in Goa, der sich bereits seit dreihundert Jahren im Besitz einer Familie befindet – die portugiesische und die indische Kultur verschmelzen zu einem harmonischen Ganzen.

Prachtvolle Opulenz findet sich aber auch in den großen Palazzi von Rom und auf Sizilien. Dort konnten Architekten und Künstler des Barock und Rokoko ihre Phantasie beinahe ungebremst ausleben und die Räume verschwenderisch mit Stuck und Fresken dekorieren. Natürlich war ein solcher Luxus zunächst ausschließlich dem Adel oder reichen Kaufleuten vorbehalten, bis das europäische und nordamerikanische Bürgertum begann, seinen wachsenden Wohlstand verstärkt zur Schau zu stellen. Die Statussymbole, die dabei verwendet wurden, waren die gleichen wie bei den adligen Vorbil-

PARIS

dern: Bibliotheken, Gemälde, Jagdtrophäen, schwere Holzmöbel und erdrückende Muster – die Blütezeit des viktorianischen Stils, der auf Sizilien genauso seine Spuren hinterlassen hat wie in Quebec. Dass trotz aller Gemeinsamkeiten natürlich auch kulturelle und geographische Unterschiede in die Gestaltung des Interieurs einflossen, belegen etwa Beispiele aus Skandinavien und Schottland, die wesentlich karger und sparsamer ausfallen als ihre südlichen Pendants. Ein besonders bemerkenswerter Beleg für die fruchtbare Begegnung verschiedener Kulturen ist ein finnisches Landhaus, in dem südeuropäischer Barock und Rokoko auf eine ganz eigene Weise interpretiert werden.

Egal welcher Stil nun in einem Haus oder einer Wohnung dominiert, die Grundbedürfnisse, die unsere Behausung erfüllen muss, sind immer dieselben: Sie muss Schutz und Wärme bieten, eine mehr oder weniger große Familie unterbringen können, sie sollte sich verschiedenen Bedingungen anpassen können und im Sommer so angenehm sein wie im Winter, bei Hitze genauso wie bei Kälte. Sie muss genügend Platz für Freunde und für all die Lieblingsgegenstände bieten, die innerhalb der eigenen vier Wände überhaupt erst für Atmosphäre sorgen. Das gilt für das einfache Haus eines Grubenarbeiters ebenso wie für eine rustikale Blockhütte in den Bergen, aber auch für das moderne Apartment mit seiner Fülle an Büchern, Bildern und Wohnobjekten, wie sie für heutige Großstadtbewohner typisch ist. Der Wunsch nach einem schönen Zuhause ist überall gleich stark ausgeprägt, auch wenn die Gestaltung der unmittelbaren Umgebung im Einzelnen natürlich sehr unterschiedlich ausfallen kann: Persönliche Objekte, Sammlerstücke von Porzellan bis hin zu Teppichen, ein bestimmter Stil, all das ist abhängig von und Ausdruck unserer individuellen Vorlieben. Die bewusst arrangierten Stillleben auf den letzten Seiten dieses Kapitels – ganz gleich, ob sie sich in der Provence, Paris, New York oder Mailand befinden – tragen alle die eindeutige Handschrift ihrer Schöpfer.

Zu guter Letzt soll noch einmal Mario Praz zu Wort kommen: „… wie schön waren einst die prachtvollen Salons der Paläste, die stillen Zimmer alter Bürgerhäuser, die rustikalen Küchen der einfachen Häuser im Gebirge; wie schön waren die Möbel mit der

SAN FRANCISCO

Patina vergangener Epochen, die Objekte, die von Generationen von Schreinern, Töpfern und Goldschmieden von Hand gefertigt wurden!“ Und wie schön, dass es heute noch Menschen gibt, die Praz' Faszination für die hohe Kunst der Inneneinrichtung teilen und ihren ganz persönlichen Beitrag zur Schaffung einer individuellen Wohnkultur leisten.

MODERN

Diese beiden Wohnungen *(vorangegangene und diese Seiten)* wirken deshalb so modern, weil Objekte und Möbel sorgfältig aufeinander abgestimmt wurden. Im ersten Beispiel betonen wenige Möbel den großzügigen Schnitt einer Pariser Wohnung aus dem 17. Jahrhundert. Obwohl die Tische und Stühle aus einer völlig anderen Epoche stammen als der riesige Salon, ergibt sich ein harmonisches Ensemble. Schließlich sind die Möbel von Jean Prouvé, Charlotte Perriand und Harry Bertoia mittlerweile selbst schon moderne Klassiker.

Bei diesem Apartment eines Pariser Innenarchitekten kontrastiert die nüchterne Umgebung mit der Einrichtung – ein kostbarer Kr stalllüster, Spiegel in Rokokorahmen und ein kleines Stilsofa. Hinter den voluminösen Vorhängen, die sich mit langen Bambusstäben zuziehen lassen, verstecken sich Regale.

Hinter der traditionellen Fassade eines Londoner Hauses versteckt sich dieses kühle und minimalistische Interieur, das nicht nur skandinavische, sondern auch orientalische Einflüsse aufweist. Bis auf die offenen Kamine ist vom ursprünglich viktorianischen Dekor nichts mehr zu sehen, selbst Zwischenwände wurden entfernt. Das streng lineare Design dieses Raumes, das bei den Bodendielen aus Douglastanne beginnt, wird beim Mobiliar fortgesetzt. Nichts stört die klaren Strukturen; alle Haushaltsgegenstände, die vom Design ablenken könnten, sind in großen Einbauschränken verstaut.

Verspielt-dekorativ an diesem sehr nüchternen Interieur eines Hauses auf Mallorca sind nur die sternförmigen Deckenleuchten. Der Rest wurde bewusst schlicht gehalten: von den Regiestühlen bis hin zum Kamin, für dessen originelle Gestaltung extra eine zweite Wand eingezogen wurde.

Durch die Anordnung der Möbel in diesem Apartment in San Francisco *(oben und unten)* werden die Fenster zum absoluten Blickfang. Diese sehr flexible Nutzung von Raum ist ideal für moderne Apartments, die häufig keinerlei traditionelle Merkmale mehr aufweisen.

SIEHE AUCH
MÖBEL DES 20. JH. 90 110 300 313 314 316
APTS IN SAN FRANCISCO 89 138

Die beiden hier gezeigten Häuser wirken gleichermaßen modern, nur, dass es sich bei dem einen *(oben)* um den perfekt gelungenen Umbau eines viktorianischen Altbaus in London handelt, während das andere zu einem durchkonzipierten Neubaukomplex von Richard Neutra in Los Angeles gehört *(unten)*. Seine Variante der internationalen Moderne beeinflusste die Architektur dieser Stadt nachhaltig. Der gebürtige Wiener Neutra propagierte mit seinen funktional strukturierten Räumen von den Dreißiger- bis zu den Sechzigerjahren des 20. Jahrhunderts in Kalifornien eine Stilrichtung, die in Europa von Größen wie Gropius und Le Corbusier vertreten wurde.

SIEHE AUCH

MINIMALISMUS	94 98 100 104
TREPPENHÄUSER	232 234 254 280 314 322 326 328 329 330 332
HOLZBÖDEN	89 112 113 114 125 140
HÄUSER VON NEUTRA	53

Die erfolgreiche Organisation des Raumes ist das Geheimnis jeder modernen Einrichtung. Wegen der wenigen, aber dafür umso gezielter ausgewählten Möbel konzentriert sich die Aufmerksamkeit auch auf Wände, Fußböden und Verbindungselemente wie Treppen oder Durchgänge. In dieser umgebauten Altbauwohnung in London *(s. auch S. 97)* sind Küche und Schlafzimmer, in dem der Einfluss des japanischen Minimalismus nicht zu übersehen ist, durch eckige Mauerdurchbrüche mit anderen Bereichen des Hauses verbunden *(oben links und unten rechts)*. Geniale Übergänge zwischen verschiedenen Räumen charakterisieren auch dieses Interieur in Brüssel *(oben rechts)*: eine Treppe führt in ein schlichtes, helles Schlafzimmer, von dem man auf eine Terrasse mit Teakholzboden gelangt.

Zu Wohnungen umfunktionierte Fabrikgebäude, wie diese ehemalige Druckerei in Paris, liegen im Trend *(unten links und rechte Seite)*. Im Bad erinnern schwere Glasbausteine, hinter denen sich eine Lichtquelle verbirgt, an die ursprüngliche Nutzung des Gebäudes. Im Zwischengeschoss *(rechte Seite)* durchbricht ein Baumwollvorhang die Linearität des Lesebereichs. Weitere Kontraste zur geometrischen Architektur setzen der „Schmetterlingssessel", der Ende der Dreißigerjahre des 20. Jahrhunderts entworfen wurde, und die geschwungene Sesselform von Charles Eames „La Chaise", ein Prototyp aus dem Jahr 1948.

SIEHE AUCH					
MINIMALISMUS	94	97	100	104	
BÜCHERREGALE	201	202	204	246	248
	249	252	310	316	
BADEWANNEN	102	104	107	195	
SCHLAFZIMMER	101	133	312		
SCHMETTERLINGSSESSEL	102	130	131	391	405

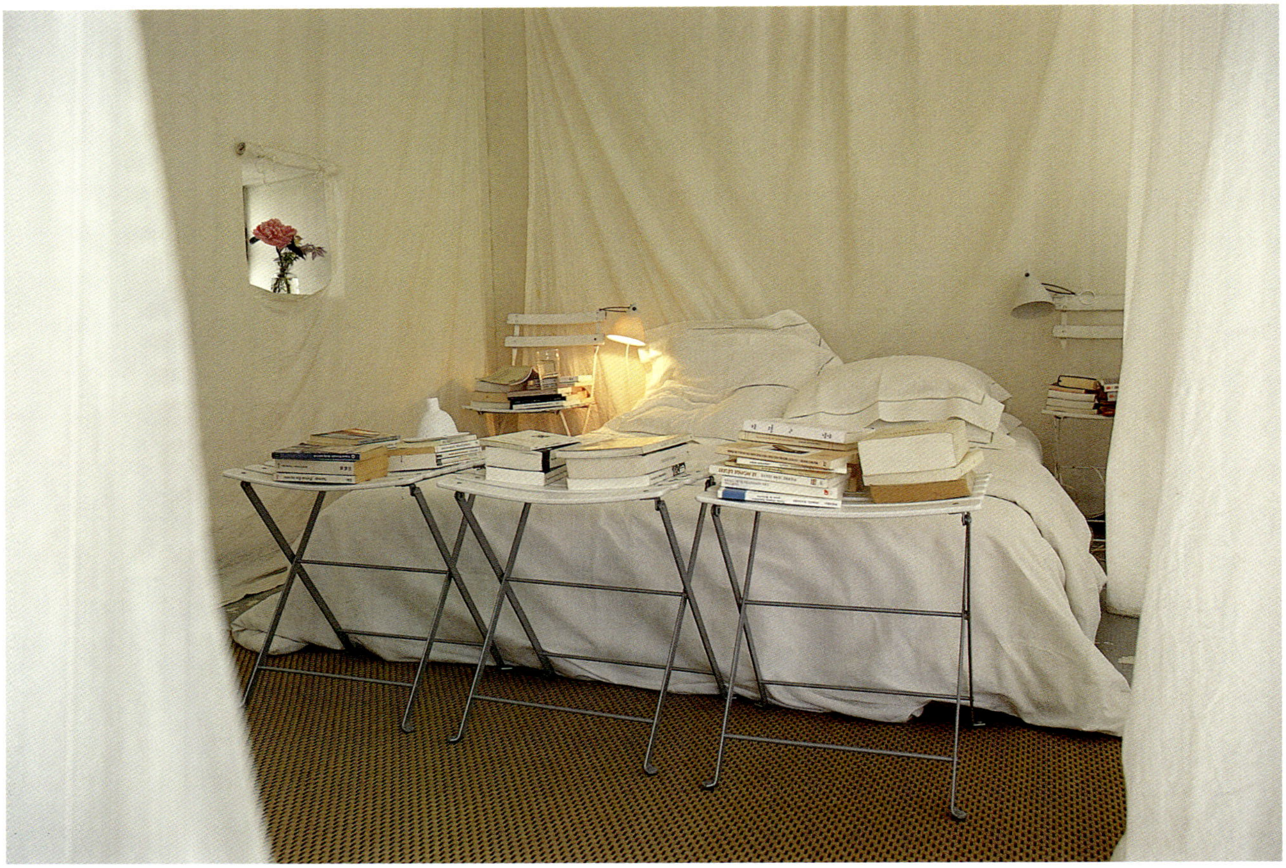

Strenge Linien und klare Farbschemata moderner Innenräume können mit Hilfe weicherer Formen und Materialien erfolgreich kontrastiert beziehungsweise betont werden. Die hier abgebildeten Innenräume *(oben und unten)* in Paris und London sind von zeitgenössischem Minimalismus geprägt. Üppig fallende Laken, das weiche Federbett sowie eine Vase mit Blumen sorgen für Behaglichkeit. Das Pariser Apartment *(oben)* wirkt aufgrund der bauschigen weißen Baumwollvorhänge noch etwas gefälliger als sein Londoner Pendant.

SIEHE AUCH

VORHÄNGE 78 79 92 99 113 126
KLAPPSTÜHLE 95 123 135 286 383
HÄUSER IN LONDON 94 97 103 104 328
DACHZIMMER 124 133 239 243 263 311 313

In diesen beiden Räumen, die sich in Häusern in Paris *(oben)* und auf Mallorca *(unten)* befinden, sorgt eine Reihe verschiedener Elemente dafür, dass die Einrichtung nicht zu spartanisch wirkt: Ein großes Bild mit grafischen Motiven, interessant geformte Objekte, Blumen, aber auch traditionelle architektonische Charakteristika wie Deckenbalken und schräge Wände oder Hell-Dunkel-Kontraste fungieren als Blickfang.

SIEHE AUCH

UCKEREI-LOFT IN PARIS 98 99 109
HOLZBALKEN 124 142 149 243 263
AFRIKANISCHE MÖBEL 295 313 317 351

DEVON

Alle hier gezeigten Bäder sind nicht nur funktionell, sondern spiegeln den Status wider, den das Badezimmer mittlerweile erlangt hat. Durch den weitgehenden Verzicht auf Dekoration kommen die verwendeten Materialien und das Design der Armaturen besonders zur Geltung. Die kühle Anmutung von Zink, Edelstahl und weißer Keramik wird etwa durch ein zusammengelegtes Handtuch, ein Foto an der Wand oder eine Vase mit Blumen etwas zurückgenommen.

CARPENTRAS

SIEHE AUCH

BADEWANNE	98 104 107 195 314
WASCH- UND SPÜLBECKEN	105 106 224 275 288 2 363
HÄUSER IN DEVON	326 333
SCHMETTERLINGSSESSEL	99 130 131 391 405

PARIS

CARPENTRAS

LONDON

PARIS

MALLORCA

PARIS

Moderne Ästhetik muss nicht langweilig sein – das belegen diese puristischen Bäder in einem Haus in London: eine moderne Interpretation der traditionellen japanischen Bäderarchitektur. Das gesamte Bad fungiert gleichzeitig als Dusche – das Wasser versickert einfach in unsichtbaren Abflussöffnungen im Boden.

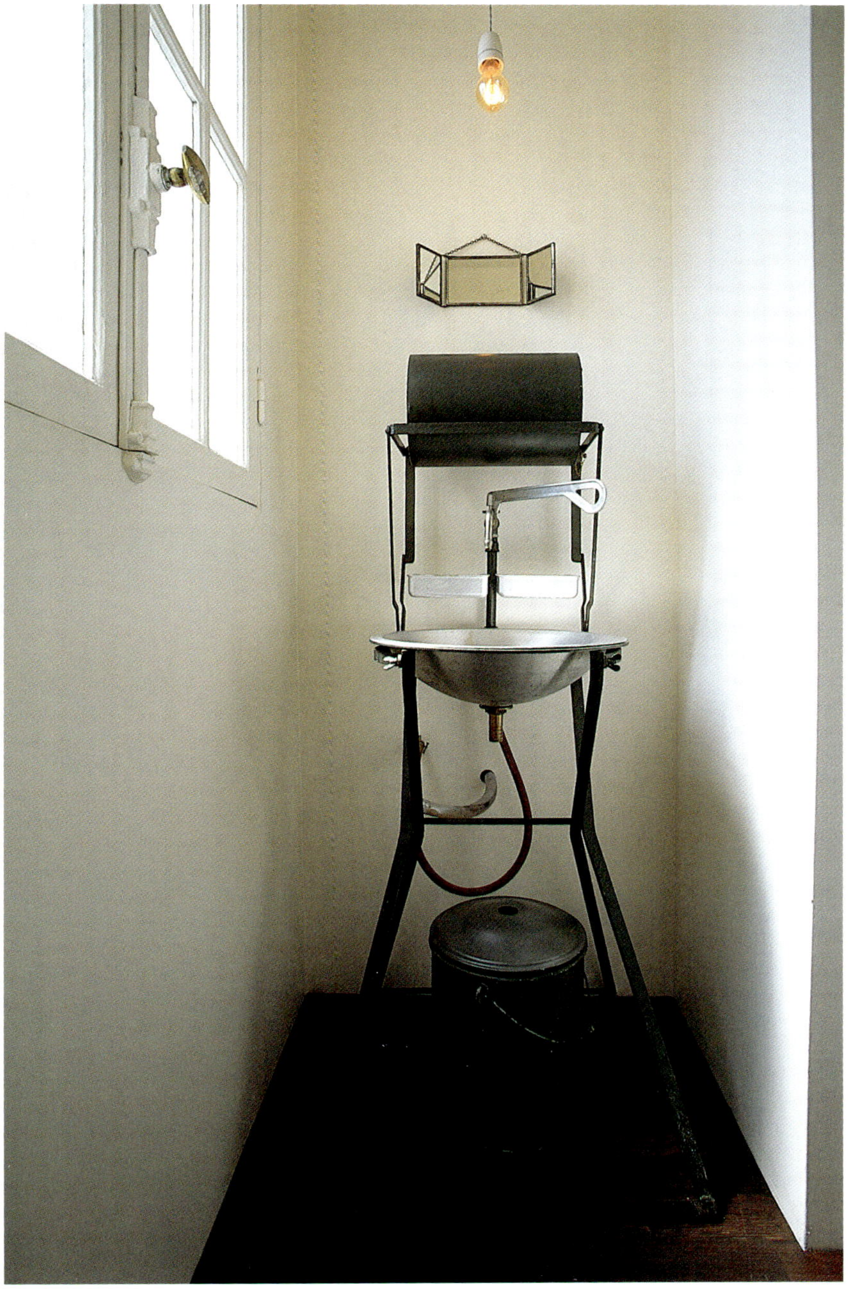

Mit völlig anderen Mitteln hat man versucht, diese beiden ansonsten eher schlichten Badezimmer in Paris zu gestalten. Hier werden die kleinen Räume mit Hilfe ausgefallener Objekte zum Blickfang, die vor dem weißen Hintergrund besondere Kontraste setzen. Die Kombination von Elementen, die man nicht unbedingt in einem Bad erwarten würde *(oben links)*, schafft ein beinahe surreales Stillleben.

Trotz des modernen Farben- und Formenrepertoires sind die hier abgebildeten Bäder Balsam für die Seele. Die verwendeten Materialien und zahlreiche dekorative Details machen den Aufenthalt im Bad zu einem Fest für die Sinne. Sorgfältig arrangierte Objekte sorgen – wie hier in Marrakesch *(oben)* – für ein elegantes Ambiente. Neben Fotos oder verschiedenen kleineren Dingen kann man mit einer Sammlung Parfümflakons jedem Bad eine individuelle Note verleihen *(unten)*.

Wesentlich luxuriöser wirkt dieses Badezimmer in einem Haus in Italien *(oben)*, dessen weiße Wände einige gerahmte Bilder zieren. Während hier Kontraste vor allem durch die Farbgebung entstehen, sind es bei dem maurischen Bad *(unten)* die Materialien, die Akzente setzen: Wände und Badewanne wurden traditionell mit Kalk verputzt.

SIEHE AUCH

BADEZIMMER 98 102 103 105 106 153 194 195 196 197 284

MAURISCHE HÄUSER 126 344 389 390

TERRAKOTTAWÄNDE 128 145 286 288

GEWÖLBEDECKEN 116 118 123 208 212 219

SPIEGEL 105 115 131 229 341

Moderne Küchen können bisweilen sehr nüchtern wirken, wie dieses Beispiel in einem Brüsseler Apartment beweist, das von linearen Küchenelementen und einer massiven Dunstabzugshaube beherrscht wird *(linke Seite)*. Damit so eine Küche nicht zu spartanisch wirkt, kann man zum Beispiel in einem offenen Regal Utensilien in allen möglichen Farben und Formen arrangieren. Die vielen Objekte und Haushaltsgerätschaften in dieser Pariser Küche *(oben)* lassen vermuten, dass hier gern gekocht wird. Eine wirkungsvolle Alternative zu Holz- oder Glasregalen sind Industrieregale. In dieser Küche, die sich ebenfalls in einem Haus in Paris befindet *(unten)*, verleihen in den eher nüchternen Regalen arrangiertes Geschirr und Küchenutensilien dem Raum etwas sehr Lebendiges.

SIEHE AUCH

JCKEREI-LOFT IN PARIS	98 99 101
MODERNE KÜCHEN	111 120 309 311 316
OFFENE STAURÄUME	110 138 139 308 320
OVALE TISCHE	220 258 288
UMBAUTEN	88 142 268 310 313 316
GELÄNDER	83 98 158 324 328

Um den Essbereich harmonisch in Küche oder Wohnzimmer zu integrieren, bedarf es einer gewissen innenarchitektonischen Kreativität. Als Ausgangsbasis eignen sich in den meisten Fällen Schränke und Regale, die vielerlei Dekorationsalternativen bieten. Die Wirkung dieser blauen Anrichte in einer sizilianischen Küche lässt sich etwa durch passende Keramik und andere wohlplatzierte Objekte erhöhen *(oben)*. In dieser Pariser Wohnung *(unten)* entfernte man die Wand zwischen Wohn- und Esszimmer und stützte die Decke mit zwei Stahlträgern ab. Auf diese Weise kommen nicht nur das Regal, sondern auch der Tisch, Modell „Trapèze", sowie die Stühle, „Standard" von Jean Prouvé, erst richtig zur Geltung. Seit den Siebzigerjahren des 20. Jahrhunderts ist es Mode, High-tech-Objekte in die Einrichtung zu integrieren. So präsentiert man in Haus oder Wohnung gern Elemente, die eigentlich aus industriellen oder gewerblichen Betrieben stammen. Ein Stil, der auch in diesem Essbereich eines Hauses in der Provence anklingt *(rechte Seite)*: Metallstühle und ein Kühlschrank auf Rädern, der vielleicht einmal einem Eisverkäufer gehört hat, setzen ungewöhnliche Akzente.

SIEHE AUCH					
MODERNE KÜCHEN	109	120	309	311	316
OFFENE STAURÄUME	109	138	139	308	320
ESSZIMMER	88	94	116	130	136
	171	226	285		
RECYCELTE MÖBEL	105	141	257	315	317
MODERNE TISCHE	88	94	137	316	458
METALLSTÜHLE	130	308	331	406	

Bei der Gestaltung von Wohnräumen sind klare Linien und schlichte Formen ebenso wirkungsvoll wie Opulenz und Prunk. Westliche Architekten der Moderne haben sich dabei häufig von der Eleganz fernöstlichen Designs inspirieren lassen. Umgekehrt ließ sich der Bauherr dieses Anwesens in Tokio *(oben links)*, der Keramikkünstler Shoji Hamada, von Bernard Leach, einem englischen Architekten, der ebenfalls für klare und ursprüngliche Formen eintritt, beeinflussen. Asiatisch muten wiederum die Räume dieses Hauses in Carpentras an *(oben rechts)*, die durch eine transparente Schiebetür miteinander verbunden sind.

Die Interieurs dieser beiden Räume in New York *(oben links)* und Paris *(oben rechts)* wirken modern und elegant zugleich, was nicht zuletzt auf die klare, symmetrische Anordnung des Mobiliars zurückzuführen ist. Die Wahl der Sitzmöbel lässt hingegen auf eine eher traditionelle Vorstellung von Komfort schließen. Bequem, chic und klar – das Pariser Interieur spiegelt auf beeindruckende Weise den Geist des Unternehmens wider, dem dieses exquisite Apartment gehört: dem Haus Chanel.

Von einem Apartment mitten in Manhattan darf man durchaus erwarten, dass es den Fortschrittsgeist und Drang nach Veränderung widerspiegelt, der für das New York des 19. und frühen 20. Jahrhunderts so charakteristisch war. Das damalige Mobiliar wirkt auch heute noch erstaunlich klar und modern *(beide Seiten)*. Der freundliche Anstrich der Wände, die Spiegel und die prächtigen Fortuny-Lampen verstärken den Eindruck von Helligkeit und Weite zusätzlich.

Die Möbel stammen größtenteils aus dem frühen 19. Jahrhundert; ein besonders interessantes Stück ist die Chaiselongue im Empirestil mit ihren typischen Voluten. Die amerikanischen Möbel jener Zeit waren stark französisch geprägt, da sich aufgrund der politischen Umwälzungen in Europa auch zahlreiche Möbel- und Kunsttischler aus Frankreich in New York und den Vereinigten Staaten niedergelassen hatten.

TRADITIONELL-SCHLICHT

Gewölbedecken schaffen eine intime, gemütliche Atmosphäre, in der man gern zum Essen, Trinken oder Plaudern zusammenkommt. Das grobe Natursteingewölbe in diesem Haus in Apulien *(oben links)* bildet dafür die ideale Kulisse; der angrenzende Hof bietet zudem die Möglichkeit, die gesellige Runde ins Freie zu verlagern. Auch im viel gediegeneren Esszimmer desselben Hauses findet sich die Form des Gewölbes wieder *(oben rechts)*. Diesmal ist der Raum, ein ehemaliger Stall, jedoch perfekt verputzt und gekalkt – ein idealer Hintergrund für die dunklen Möbel.

Der Bogen über dieser Sitzecke in einem Haus in Marrakesch, die im Winter auch als Essplatz genutzt wird *(oben links)*, ist mit bunten, filigranen Ornamenten dekoriert. Den unteren Wandbereich ziert ein gepolsterter Stoffbehang aus Leinen mit Motiven, die sich auch auf den Zelten der Wüstenbewohner finden. Das Design der Stühle greift den Bogen wieder auf. Als architektonische Form hat der Bogen in der islamischen Welt eine lange Tradition. Er steht für den *Mihrab*, der dem Gläubigen die Richtung nach Mekka weist und auch auf traditionellen Gebetsteppichen abgebildet ist. Auch der andere Raum *(oben rechts)* mit einer legeren Sitzecke gewinnt seinen besonderen Charme durch die Gewölbedecke und mehrere bogenförmige Mauerdurchbrüche.

Auch in den alten Steinhäusern der gesamten Mittelmeerregion haben Rundbögen und Gewölbedecken eine lange Tradition. Sie wurden in der Regel aus Naturstein errichtet, der poliert äußerst dekorativ wirkt. Unter dem majestätischen Gewölbe dieses ehemaligen Stalls in einem Haus auf Mallorca haben die Eigentümer ein Bad installiert. Zu den wenigen Dingen, die völlig erneuert wurden, gehört der Boden, der mit blauen italienischen Mosaikfliesen verkleidet wurde.

In diesem Bauernhaus in der Provence verfügt der Innenarchitekt, dem es gehört, dank des Deckengewölbes über ein helles, luftiges Schlafzimmer. Obwohl die grob verputzten Wände etwas geglättet wurden, verleihen sie dem Raum noch immer einen sehr rustikalen Charme. Die Bogenform des Gewölbes wird sowohl von den Türen als auch vom Fenster wieder aufgegriffen, während das eckige Bett dazu einen reizvollen Kontrast bildet. Der Fußboden aus traditionellen Terrakottafliesen aus der Provence setzt ebenfalls Akzente.

Folgende Seiten
Auch dieser Essbereich eines Hauses auf Mallorca verfügt über eine gewölbte Decke. Die liebevoll ausgewählten modernen Elemente bilden eine harmonische Ergänzung zur Originalstruktur Auffällig ist auch der ungewöhnliche Kamin mit dem darunter befindlichen rechteckigen Stauraum für Brennholz.

Die hier abgebildeten Schlafzimmer stehen für ein grundlegendes Designprinzip: Eine streng lineare Architektur wird durch die geschickte Anordnung von persönlichen Gegenständen und weich fallenden Stoffen wohnlicher gemacht. In diesem Apartment in Paris *(oben links)* nimmt die bogenförmige Nische die Kopfseite des Bettes auf; auch Gemälde und Fotos von zeitgenössischen Künstlern finden hier noch Platz. Weitere Lieblingsobjekte finden sich auf den Schubladenkommoden zu beiden Seiten des Bettes, die gleichzeitig als Nachttische fungieren. Im Schlafzimmer eines Hauses in Marrakesch *(oben rechts)* bilden das dekorative Bett und der dazugehörige Sessel einen reizvollen Kontrast zum geschwungenen Bogen an der Decke. Vorhänge und Bettwäsche aus zarten Stoffen beleben diese Schlafzimmer in Frankreich *(unten links)* und Sizilien *(unten rechts)*. Die für die Region typischen Terrakottagefäße sind praktisch und dekorativ zugleich und verleihen diesem an eine einfache Klosterzelle erinnernden Gästezimmer in einem Haus in der Provence *(rechte Seite)* eine persönlichere Note.

SIEHE AUCH						
ZIEGELWÄNDE	38	246	265			
KLAPPSTÜHLE	95	100	135	286	383	
GEWÖLBEDECKEN	107	116	118	208	212	219
BETTEN MIT 4 PFOSTEN	142	146	151	158	165	239
HÄUSER I. D. PROVENCE	111	119	124	129	266	

Klare Formen und ein schlichtes Dekor sind typisch für Häuser in wärmeren Klimazonen. Das oben abgebildete Schlafzimmer und der Schlafsaal für Kinder *(rechte Seite)*

sind Beispiele aus der Provence. Beide Räume sind streng symmetrisch gestaltet. Jedes dekorative Element, etwa der Orientteppich, wird sofort zum Blickfang.

Dieser Wohn-Schlaf-Bereich eines Hauses in Marrakesch wirkt mit seiner harmonischen Kombination aus Weiß- und Grautönen sowie traditionellen und modernen Elementen äußerst einladend und beruhigend. Die klaren, schlichten Formen der Sessel und des offenen Kamins bilden einen interessanten Kontrast zu den groben, schweren Vorhängen, die am Tag vor der sengenden Sonne und in der Nacht vor Kälte schützen. Weitere auffällige Details sind der traditionelle Tuaregteppich aus Bast und Leder sowie die Zimmerdecke, die auf dem Foto nicht mehr zu sehen ist: Sie hat die Form eines umgedrehten Bootes.

Auf den folgenden Seiten werden Räume gezeigt, deren Einrichtung Gegenstände unterschiedlichster Herkunft kombiniert. Egal, ob nun schlicht, komplex, exotisch oder postmodern – das Interieur wirkt immer faszinierend.

Wände mit verschiedenen Nischen und Bögen schaffen in diesem Schlafzimmer in Marrakesch ein perfektes Ambiente für die robusten Möbel, die mit den filigranen Hängelampen im traditionellen marokkanischen Stil kontrastieren.

Dieser weiß gestrichene Raum mit massiven Deckenbalken in einem Haus in der Provence, Feriendomizil eines Modeschöpfers, wirkt durch die Auswahl der Möbel warm und einladend. Zwei nordafrikanische *Tabouretts*, die gelegentlich als Tische fungieren, setzen ebenso wie drapierte Stoffe Farbakzente und beleben die gesamte Szenerie, ohne aufdringlich zu wirken. Das Licht der Kerzen in den hohen Leuchtern auf dem Boden, über dem Kamin und in Wandnischen lädt den Blick ein, nicht nur auf dem flackernden Feuer im offenen Kamin zu verweilen.

Diese beiden Räume *(oben und unten)* in einem Haus in Carpentras in der Provence zeigen, dass die Kombination unterschiedlicher Objekte und Möbelstücke zu einem wohnlichen, aber dennoch äußerst stilvollen Ambiente führen kann. Ein Großteil des Mobiliars wurde nach dem Entwurf der Besitzer aus relativ preisgünstigen Materialien angefertigt. Andere Dinge stammen entweder vom Flohmarkt, wie die Architektenlampe aus den Vierzigerjahren, oder aus einfachen Möbel- und Haushaltswarengeschäften.

SIEHE AUCH

ESSZIMMER	88	94	110	116	136
	171	226	285		
BETONBÖDEN	226	227	310	317	
BAUMWOLLVORHÄNGE	79	99	113	272	307
ARBEITSZIMMER	181	203	246	444	456
METALLSTÜHLE	111	308	331	406	

Auch die kleineren Räume dieses Hauses in Marrakesch *(oben links und rechts sowie unten links; s. auch S. 126–128)* zeichnen sich durch eine lebendige Atmosphäre und die sorgfältige Anordnung von kleineren Objekten – etwa der Feze an der Wand – und der Möbel aus. In allen Zimmern finden sich traditionelle Hängelampen mit ihren typischen Formen und Mustern.

In einem Haus auf Korsika wurde aus einem vermeintlich nutzlosen Winkel *(unten rechts)* ein äußerst dekorativer Blickfang, indem man dort einfach zwei geflochtene Körbe arrangierte und den Anstrich des Fensterrahmens auf dem unteren Wandbereich fortsetzt.

Folgende Seiten
Die hier abgebildeten Räume lassen ebenfalls eine große Liebe zum Detail erkennen – und sie zeigen, dass es sich bisweilen sogar lohnt, einem Durchgangsraum mehr Aufmerksamkeit zu schenken, was Ornamentik oder Farbe betrifft, als „normalen" Zimmern. Bei allen hier gezeigten Beispielen hat man blasse Hintergrundfarben verwendet und dann mit kräftigen Tönen einzelne Farbakzente gesetzt.

SIEHE AUCH
ALKOVEN 122 128 213
HÄUSER AUF KORSIKA 84
MAURISCHE LAMPEN 128 129 133 390
DURCHGANGSRÄUME 132 314 332 336
SPIEGEL 105 106 115 229 341
WANDDEKORATION 130 134 199 252 351 365

PARIS

IBIZA

IBIZA

SIZILIEN

SIZILIEN

PARIS

PARIS

MANHATTAN

TUNESIEN

NIZZA

MARRAKESCH

PARIS

CÉVENNEN

ITALIEN

NEAPEL

KORSIKA

PARIS

BALI

PROVENCE

PARIS

MARRAKESCH

IRLAND

SAIGON

TUNESIEN

Um eine überzeugende Dekoration zu kreieren, muss man nicht zwangsläufig auf besonders interessante Objekte oder Möbel zurückgreifen. Gegenstände, die einem ans Herz gewachsen sind, lassen sich ebenso wirkungsvoll einsetzen. In diesem Haus auf der Île de Ré im Westen Frankreichs hat das sportliche Interesse der Besitzer sozusagen zur Entstehung eines Wandfrieses geführt. Die Einrichtung ist ein gekonnter Stilmix aus elegantem und lässigem Mobiliar.

ÎLE DE RÉ

Um einen gemütlichen, aber zugleich praktischen Essbereich einzurichten, können Klassiker von so bekannten Herstellern wie Habitat oder Ikea ebenso wirkungsvoll sein wie teure Designermöbel. Kombiniert mit älteren Stücken, die auf Flohmärkten immer noch relativ billig zu haben sind, kann man damit ein warmes, ungezwungenes Ambiente schaffen *(beide Seiten)*. Egal, ob man dabei auf viele verschiedene Elemente setzt, oder die ganze Anziehungskraft nur von einem einzigen Möbelstück ausgeht *(rechte Seite, unten rechts)*, die Wirkung ist in jedem Fall groß.

ÎLE DE RÉ

SIEHE AUCH

ESSZIMMER	88 94 110 116 130 171 226 285
FERIENHÄUSER	38 95 118 123 124 265
FLIESENBÖDEN	144 151 188 228
FREIGELEGTE DECKEN	120 125 148 174
RUNDE TISCHE	141 145 300 304 415
MODERNE TISCHE	88 94 111 316 458
BENTWOOD-MÖBEL	141 176 275 329

ÎLE DE RÉ

SEVILLA

MALLORCA

SIZILIEN

PROVENCE

PARIS

Mittlerweile spielt die Küche auch in Stadtwohnungen wieder die zentrale Rolle, die sie in unserer Kultur schon früher innehatte. Aus Platzgründen, oder einfach weil es gemütlich ist, nehmen viele von uns dort ihre Mahlzeiten ein – sozusagen direkt vom Herd auf den Tisch. Grund genug, die Wohnküche sorgfältig zu gestalten, etwa durch überlegt platziertes, schönes Geschirr, Obstschalen oder Blumensträuße wie auf den abgebildeten Beispielen aus San Francisco *(oben)* und der sehr viel rustikaleren Version aus Mallorca *(unten)*.

SIEHE AUCH

APTS IN SAN FRANCISCO	89 96
OFFENE STAURÄUME	109 110 139 308 320
KÜCHENREGALE	109 171 218 222 238 275 363
RUSTIKAL	132 266 275 279
DEKO-TÖPFERWARE	291 361 363

Die Küche ist ein Platz zum Wohlfühlen. Hier wird für unser leibliches Wohl gesorgt und die Kombination von Wärme und Nahrung weckt Erinnerungen an ein Relikt aus längst vergangenen Tagen: das gemeinsame Herdfeuer, mit dem man geschäftiges Hantieren, wohlige Wärme, Fülle und Reife assoziiert. Die Küche ist der Raum, der dem ganzen Haus oder der Wohnung Leben einhaucht. Somit ist sie der ideale Ort, um in dekorativen Details zu schwelgen und interessant geformte Gegenstände zur Schau zu stellen wie diese Schüsseln und Teekännchen in einer Küche in Irland *(unten)*. Selbst der Kühlschrank ist hier dekoriert. Küchengeräte, besonders glänzende Pfannen und Körbe, wirken vor allem in Kombination mit Kräutern oder Früchten sehr attraktiv – so wie in dieser Küche auf Ibiza *(oben)*.

SIEHE AUCH

KÜCHENSTILLLEBEN 141 220 224 238 290 360 362 419 438

KOMPAKTKÜCHEN 132 133 316 363

Diese herrliche Küche in einem Haus in Santiago, Chile, zeugt von wahrer Leidenschaft fürs Kochen *(linke Seite sowie oben links und rechts)*. Unter der mächtigen Abzugshaube in der Mitte, die einer abstrakten Skulptur ähnelt, finden sich der Herd und ausreichend Arbeitsfläche zum Zubereiten der Speisen. Neben dem Kochbereich nimmt der große Tisch eine zentrale Stellung im Raum ein. Wozu braucht man schon ein Esszimmer, wenn in der gemütlichen Wohnküche Platz genug ist? Hier trifft man sich zu den Mahlzeiten, bereitet sie vielleicht sogar gemeinsam zu, plaudert und lässt es sich gut gehen. Die Abbildungen unten zeigen weitere attraktive Beispiele aus Buenos Aires *(links)* und aus einem Haus auf der Île de Ré in Westfrankreich *(rechts)*. In der französischen Küche, die sich im Salon befindet, wurden neben Küchenutensilien auch nautische Geräte dekorativ arrangiert.

SIEHE AUCH

HOLZBÖDEN	89	96	112	113	114	125
HOLZHÄUSER	72	112	236	238	240	
KOCH-/ESSZIMMER	198	292	311			
RUNDE TISCHE	136	145	300	304	415	
KÜCHENGESCHIRR	222	432	434	440	444	

IM KOLONIALSTIL

Das Licht, das durch die Fenster dieser beiden Räume strömt – in einem New Yorker Loft *(oben)* und einem Schlafzimmer in einem Palast in Goa *(unten)* –, verleiht dem Interieur eine gewisse Leichtigkeit. Während der Loft im Stadbezirk SoHo den relativ jungen Trend, in umgebauten Fabrikanlagen zu wohen, repräsentiert, hat die verschwenderische Pracht des Palasts in Goa einen völlig anderen Ursprung: Sie spiegelt den luxuriösen Lebensstil einer vornehmen Familie in der ehemals portugiesischen Kolonie wider. Diese Opulenz kommt auch bei den Möbeln zum Ausdruck – etwa bei diesem Himmelbett mit Spitzenvorhängen –, bei denen sich iberische und einheimische Stilelemente auf eigentümliche Weise vermischen.

SIEHE AUCH

HÄUSER IN GOA	16 46 65
HOLZBALKEN	101 124 149 243 263
LOFTS	99 310 311 314 316
BETTEN IM KOLONIALSTIL	146 165 239
UMBAUTEN	88 108 268 308 313 316

Das Mobiliar dieses Wohnzimmers im ersten Stock eines Hauses in Versailles, zeigt ebenfalls eine Mischung aus verschiedenen Stilelementen und Materialien – diesmal indisch und europäisch. Um einen schwarzen Lacktisch, den Bronzen von Christofle aus den Dreißigerjahren des 20. Jahrhunderts zieren, sind geschnitzte Ebenholzsessel im anglo-indischen Stil gruppiert, eine Kommode aus Mahagoni mit feinen Intarsien sowie eine Ebenholzvitrine aus dem 17. Jahrhundert. Das ganze Ensemble erstrahlt in dem hellen Sonnenlicht, das durch die Fenster hereinströmt.

SIEHE AUCH
HÄUSER IN VERSAILLES 306 337 344
PARKETTBÖDEN 294 304
KORBSESSEL 148 159 165 300

Häuser in aller Welt zeugen von der Vorliebe der Spanier und Portugiesen für reich geschnitzte Möbel: der Salon in Havanna, Kuba, *(oben links)* ebenso wie die Räume im Bragança-Palast in Goa *(oben rechts und rechte Seite)*. Die von einheimischen Handwerkern aus feinstem Rosenholz geschnitzten, äußerst dekorativen Tische und Stühle des Palasts greifen den portugiesischen Stil des 18. Jahrhunderts wieder auf.

Obwohl hier und da Verspieltes und Dekoratives wie die mit Schnitzwerk versehenen Türrahmen und Möbel zu sehen ist, macht dieses Haus in Sri Lanka *(links)* den Eindruck anmutiger Schlichtheit. Ganz anders die langen Korridore des Bragança-Palasts in Goa *(rechte Seite)*. Mit den vielen Liebhaberstücken, die seit dem 18. Jahrhundert von mehreren Generationen zusammengetragen wurden, wirken sie beinahe wie Schatzkammern voller Kleinodien im indisch-europäischen Stil.

SIEHE AUCH

HÄUSER IN SRI LANKA	46	149	385		
BRAGANÇA-PALAST	47	144	376		
HIMMELBETTEN	122	142	151	158	165
WANDSCHMUCK	11	186	218	221	361
BILDERGRUPPEN	11	200	226	251	265
	298	307	337	349	361

Obwohl hier und da Verspieltes und Dekoratives wie die mit Schnitzwerk versehenen Türrahmen und Möbel zu sehen ist, macht dieses Haus in Sri Lanka *(links)* den Eindruck anmutiger Schlichtheit. Ganz anders die langen Korridore des Bragança-Palasts in Goa *(rechte Seite)*. Mit den vielen Liebhaberstücken, die seit dem 18. Jahrhundert von mehreren Generationen zusammengetragen wurden, wirken sie beinahe wie Schatzkammern voller Kleinodien im indisch-europäischen Stil.

SIEHE AUCH

HÄUSER IN SRI LANKA	46 149 385
BRAGANÇA-PALAST	47 144 376
HIMMELBETTEN	122 142 151 158 165
WANDSCHMUCK	11 186 218 221 361
BILDERGRUPPEN	11 200 226 251 265 298 307 337 349 361

In die großzügig geschnittenen Galerien im Closenberg Hotel, einem Gebäude aus der Kolonialzeit in Galle, Sri Lanka *(beide Seiten)*, fällt durch die riesigen Bogenfenster viel Licht. Alle Räume sind mit wunderbaren alten Möbeln ausgestattet, die von einheimischen Handwerkern angefertigt wurden – vom schlichten traditionellen Pflanzerstuhl bis hin zu üppig verzierten Interpretationen regionaler und europäischer Stilelemente ist alles vorhanden.

SIEHE AUCH					
FRANZÖSISCHE TÜREN	47	78	82	83	177
HOLZMÖBEL	128	134	158	382	438
BOGENFENSTER	74	78	148	325	336
FREIGELEGTE DECKEN	120	125	137	174	
KORBSESSEL	143	159	165	300	
RUNDE TISCHE	151	164	189	251	
DECKENVENTILATOREN	124	168	171	199	

Westliche Innenarchitekten können in Fernost viel über den Umgang mit Licht und Raum lernen. Niedrige Dächer und Decken sorgen dafür, dass man in den großzügigen Wohnräumen dieses Hauses in Manila *(oben)* und des Landsitzes auf Bali *(unten)* nicht von der grellen Sonne geblendet wird. Das flache Mobiliar, größtenteils aus einheimischem Hartholz angefertigt, wurde so gleichmäßig angeordnet, dass kein Bereich des Raumes auffallend im Mittelpunkt steht.

SIEHE AUCH
ORIENTALISCHE HÄUSER 40 53 156 158 159
HÄUSER IN MANILA 156 158 382
BALINESISCHE MÖBEL 158 159 169 382
SCHNITZWERK 156 160 164 166 169
STROHDÄCHER 35 48 152 171 400 456
KÖRBE 291 424 426 430 432 434 443

Auch in den privateren Räumen dieses Hauses auf Bali *(oben und unten)* besteht offensichtlich die Notwendigkeit, das Licht durch Fensterläden zu dämpfen. Die Anordnung des Mobiliars ist dichter und europäischer als in den allgemein zugänglichen Räumen des Hauses. Persönliche Lieblingsgegenstände und Deko-Objekte schaffen eine intime Atmosphäre.

SIEHE AUCH

BETTEN MIT 4 PFOSTEN 122 142 146 158 165 239
FLIESENBÖDEN 136 144 188 228
FENSTERLÄDEN 78 165 192 199 210
RUNDE TISCHE 149 164 189 251
HÄUSER AUF BALI 16 35 159 382 400

Einfach und doch genial, naiv und doch raffiniert nutzen diese offenen Räume in Kenia *(beide Seiten)* einheimische Materialien, um Lebensbereiche zu schaffen, die alle Wohnbedürfnisse erfüllen, ohne jedoch ihren Ursprung zu verleugnen.

Großzügig geschnittene Räume, in denen Gäste zusammenkommen können, sind für Hotels, Clubs oder Bars unerlässlich. Die abgebildeten Beispiele *(oben und rechte Seite)* befinden sich in ehemaligen Maharadschapalästen in Jaipur und Udaipur, die in Luxushotels umgewandelt wurden. Niedrige Sitzgelegenheiten und gedämpftes Licht schaffen eine Atmosphäre, in der sich die Gäste wohl fühlen.

Folgende Seiten
Eleganz und Raffinesse charakterisieren diesen weitläufigen Wohnraum in einem Haus in Manila – eine ruhige, friedliche Oase, umgeben von üppiger Vegetation. Neben der aufwändigen Decke und den kunstvoll durchbrochenen Fenstern dominieren große, niedrige Ruhebetten das Ambiente.

Trotz der ausgeprägten Ornamentik liegt diesen fernöstlichen Interieurs eine gewisse Schlichtheit zugrunde. Innenarchitektonisch gesehen wäre es sicherlich interessant, wie sich manche dieser kunstvoll gearbeiteten Stücke in einem reinweißen, minimalistischen Interieur machen würden. Bei diesen Häusern in Manila *(oben links und rechts)* und in Bangkok, heute ein Museum *(unten links und rechts)*, stehen sie völlig im Einklang mit ihrer Umgebung.

SIEHE AUCH

ORIENTALISCHE HÄUSER	40	53	150	156	159
HIMMELBETTEN	146	151	165	193	214
HOLZMÖBEL	128	134	148	382	438
VITRINEN	290	321	358	360	
SPANISCHER KOLONIALSTIL	150	165	166	170	172
LEHNSTÜHLE, HOLZ	78	128	134	310	456

Persönlicher und auf gewisse Weise alltäglicher sind die Objekte in diesen Innenräumen: eine Gartenbank, Pflanzersessel, eine geschnitzte Kommode und Figuren. Obwohl sich die Räume in verschiedenen Gegenden Ostasiens befinden, haben sie eine ähnliche Atmosphäre, die durch die konstante Spannung zwischen der äußerst einfachen Struktur und den sehr komplexen und dekorativen Formen entsteht. Die Abbildungen zeigen Häuser in Bangkok und Manila *(oben links und rechts)* sowie auf Bali *(unten links und rechts)*.

SIEHE AUCH

HÄUSER IN MANILA	150	156	382	
BALINESISCHE MÖBEL	150	158	169	382
JALOUSIEN	375	380	382	400
KORBSESSEL	143	148	165	300
SCHAUKELSTÜHLE	241	255	338	
DEKORIERTE TRUHEN	251	262	376	441

Es überrascht nicht weiter, dass der Einfluss des iberischen Barock in diesem Haus in Manila sehr deutlich zutage tritt. Die Einrichtung der Casa Manila, ein Herrschaftshaus aus dem 19. Jahrhundert und heute ein Museum *(links und rechte Seite)*, wirkt dennoch nicht überladen. Das ist vor allem darauf zurückzuführen, dass das reich verzierte Mobiliar genügend Raum hat, um seine Wirkung voll zu entfalten.

Folgende Seiten
Die Wände des Esszimmers der Casa Manila zieren große Porträts, wie man sie auch in den Palästen und herrschaftlichen Anwesen europäischer Adels- und Kaufmannsfamilien findet.

SIEHE AUCH						
GESCHNITZTE MÖBEL	47	167	169	277		
BEMALTE DECKEN/WÄNDE	164	191	203	215	342	354
CASA MANILA	164	165	172	355	356	
KLASSISCHE ESSZIMMER	170	172	174	217	345	
HARTHOLZBÖDEN	114	140	165	172		

1821

Eines der prächtigsten Herrschaftshäuser Manilas, die Casa Manila, ist heute ein Museum und gewährt Einblick in das Leben während der spanischen Kolonialzeit. Jeder einzelne Raum wurde sorgfältig im Stil seiner Zeit restauriert, der sich im Mobiliar, in Leuchtern, Lampen, Gemälden, der Keramik und vielen anderen Objekten widerspiegelt. Die Decken sind nicht nur üppig bemalt *(oben)*, sondern häufig auch mit geschnitzten Ornamenten verziert *(unten)*.

SIEHE AUCH

BEMALTE DECKEN/WÄNDE	160	191	203	215	342	354
CASA MANILA	160	165	172	355	356	
SCHNITZWERK	150	156	160	166	169	
MUSEEN	201	218	222	225	230	
RUNDE TISCHE	149	151	189	251		

Typisch für die Casa Manila sind die glänzenden Hartholzböden, die in jedem Raum zu finden sind und auf denen das reich verzierte Mobiliar – wie in den Schlafzimmern – *(oben links und rechts)* ganz wunderbar zur Geltung kommt. Die größte Pracht entfaltet sich jedoch in den Gesellschaftsräumen. Dort präsentiert sich das Mobiliar im spanischen Kolonialstil mit starken französischen Einflüssen unter herrlichen Deckenornamenten, wie sie für die Philippinen typisch sind *(unten links und rechts)*.

SIEHE AUCH

HIMMELBETTEN	146	151	158	193	214
FENSTERLÄDEN	78	151	192	199	210
KORBSESSEL	143	148	159	300	
STUCKDECKEN	170	181	354		
KRONLEUCHTER	92	145	170	174	181

Ein schlichtes Interieur, das einzelne dekorative Akzente mit den für den ostasiatischen Stil typischen Schiebetüren, Bögen und Friesen setzt, eignet sich besonders für Gesellschaftsräume. In Clubs oder Hotels müssen die Sitzbereiche so gestaltet sein, dass sich die Gäste oder Clubmitglieder möglichst ungestört unterhalten können – wie in dieser hoch eleganten Lounge des Temple Clubs in Schanghai.

Fein geschnitzte und exotisch geformte Möbelstücke kommen in einer schlichten Umgebung am besten zur Geltung. Diese beiden wunderschönen und ungewöhnlichen Beispiele haben wir in Schanghai *(oben links)* und in Havanna *(oben rechts)* entdeckt.

Dieses Wohnzimmer im Haus eines Franzosen am Stadtrand von Saigon strahlt eine kühle Eleganz aus. Die symmetrische Anordnung der Einrichtungsgegenstände, ja selbst die Pose der abgebildeten Figuren an den Wänden, beschwören eine Welt herauf, in der nun nach den langen Jahren des Krieges Ruhe und Frieden herrscht.

Obwohl Bali heute vor allem für seine Traumstrände bekannt ist, verdient die Geschicklichkeit der einheimischen Holzschnitzer mindestens ebenso viel Beachtung. In den meisten vornehmen Häusern wird diese einheimische Kunstform zur Ausschmückung der Innenräume eingesetzt. Besonders bemerkenswert sind die mit phantastischen Schnitzereien versehenen Türen und Stühle in diesem Salon. Große Spiegel und Bilder, die nicht plan an der Wand aufgehängt wurden, damit ihre Farben im hellen Sonnenlicht nicht verblassen, zieren die Wände.

In allen bedeutenden Städten Lateinamerikas ist der Einfluss des spanischen oder portugiesischen Barock bis heute zu spüren. Dieses Esszimmer in einem Offiziersclub in Buenos Aires könnte sich ebenso gut in einem spanischen Schloss befinden.

SIEHE AUCH					
KLASSISCHE ESSZIMMER	160	172	174	217	345
SPANISCHER KOLONIALSTIL	150	158	165	166	172
STUCKDECKEN	165	181	354		
KRONLEUCHTER	92	145	165	174	181

In diesem bescheidenen kleinen Esszimmer in Zihuatanejo, Mexiko, hat man jede Möglichkeit genutzt, um mit Farben oder typischen Gegenständen dekorative Akzente zu setzen. Auf diese Weise wurde eine überaus einladende Atmosphäre geschaffen. Besonders schön macht sich auch der Blumenstrauß auf dem Tisch – ein interessanter Kontrast zu dem ungewöhnlichen Grün der Kommode.

SIEHE AUCH

STROHDÄCHER 35 48 150 152 400 456
HÄUSER IN MEXIKO 30 78 246 277 355
KÜCHENREGALE 109 138 218 222 238 275 363
ESSZIMMER 88 94 110 116 130 136 226 285

Die großartige Wirkung dieses Raumes im Obergeschoss der zum Museum umgewandelten Casa Manila ist nicht zuletzt auf die ausgewogenen Proportionen von Mobiliar und Wanddekorationen zurückzuführen. Der alles beherrschende massive Tisch im Zentrum wirkt noch imponierender, weil er auf den blank polierten Dielen direkt unter einem kostbaren Kristalllüster steht. Die beiden riesigen Wandspiegel steigern den Eindruck von Weite und Licht in einem Raum, in dem eher düstere Töne vorherrschen.

PRUNKVOLL

Ein Zuhause, in dem man sich wohl fühlt, verfügt stets über ein ansprechendes Esszimmer. Was gibt es Schöneres, als sich an einen hübsch gedeckten Tisch zu setzen! In diesem Esszimmer in einem Haus in Buenos Aires bildet die feine weiße Leinentischwäsche eine perfekte Folie für das edle Familiensilber, die kostbaren Kristallgläser und wertvolles Porzellan.

SIEHE AUCH

FREIGELEGTE DECKEN	120	125	137	148	
KLASSISCHE ESSZIMMER	160	170	172	217	345
KRONLEUCHTER	92	145	165	170	181
FENSTERLÄDEN	84	114	124	195	211

Ähnlich einladend wirkt dieser zur Teestunde gedeckte Tisch in einem Pariser Apartment. Dieses und die Beispiele auf den folgenden Seiten zeigen eindrucksvoll, was eine stilvolle Einrichtung bedeutet.

SIEHE AUCH

ESSZIMMERSTÜHLE 346 373 408 414

HOLZTISCHE 94 120 137 222 237

Der gedeckte Tisch in diesem sizilianischen Haushalt zeugt nicht nur von der Liebe zum Detail, sondern auch von einem starken Familiensinn, der das Leben im mediterranen Europa auch heute noch prägt.

Bei der Zubereitung eines festlichen Abendessens kommt es auf jede Kleinigkeit an, auch die Gläser müssen blitzblank sein. In diesem Haus auf Mauritius haben die Tafelnden durch die hohen Türen zudem einen wunderschönen Blick auf die lange Veranda.

Der Drang, die eigene Wohnung zu dekorieren und zu verschönern beschränkt sich nicht nur auf das Arrangement von Möbeln oder Wohnobjekten. Dieses Apartment an den Ufern des Nils in Kairo weist einige interessante Merkmale auf, darunter auch dieses eigenwillige Wandgemälde an der Kaminwand des Salons.

TUNESIEN

TUNESIEN

Der Charme dieses Apartments ist zu einem großen Teil auf die vielen persönlichen Erinnerungsstücke und Fotos von Farid el Atrach, einer der berühmtesten Sängerinnen Ägyptens, zurückzuführen *(oben links und rechts)*. Ein anderes Apartment in Kairo verdankt seinen Reiz einer wesentlich traditionelleren arabischen Möblierung und Dekoration *(unten links und rechts)*. Die Einrichtung besteht weitgehend aus niedrigen und mit Schnitzwerk verzierten Sitzgelegenheiten, während durchbrochene Wandschirme und Fensterdekorationen mehr verbergen als sie enthüllen. Ein Fries mit arabischen Schriftzeichen schmückt die Wände.

Der wirtschaftliche und soziale Aufstieg der Mittelklasse gegen Ende des 19. Jahrhunderts ging mit einer wachsenden Neigung zu opulenten Dekorationen und pompösem Komfort einher. Dafür sind die Innenräume des Castello Falconara auf Sizilien ein anschauliches Beispiel.

Manche Lampen und Leuchter *(oben links)* sind so stark verziert, dass ihre Funktion völlig in den Hintergrund tritt und sie wie reine Dekorationselemente wirken. Auch mit den luxuriösen Stilsofas und -sesseln *(oben rechts)* trägt man den eigenen Wohlstand unverblümt zur Schau.

Die Tapeten und Böden sind stark gemustert, die Gardinen und andere Textilien schwer und voluminös, die meisten Einrichtungsgegenstände weisen sehr üppige Verzierungen auf. Die geschnitzten Stühle etwa vereinen ganz unterschiedliche Stile früherer Epochen.

In gewissem Sinne war der bourgeoise Einrichtungsstil nichts weiter als eine erschwinglichere Neuinterpretation jenes hochherrschaftlichen Ambientes, das in Europa jahrhundertelang weitgehend Adels- und reichen Kaufmannsfamilien vorbehalten war. Nirgends wird dieser Stil prachtvoller präsentiert als in den Stadtpalästen von Venedig, Rom und Florenz. Ob am Canale Grande oder auf einer kleinen Piazza, die Palazzi der Lagunenstadt sind wahre Kleinodien der Handwerkskunst. Auf diesen Seiten sieht man herrliche Stuckaturen, die Mitte des 18. Jahrhunderts entstanden.

Folgende Seiten
Aus schweren Rahmen blicken die porträtierten Vorfahren auf den verblichenen Glanz des Billardzimmers im Sommerpalast der Adelsfamilie Chigi in Ariccia, Rom.

SIEHE AUCH

STUCKATUREN	187	325			
OFFENE KAMINE	234	255	264	338	340
ROKOKOZIMMER	186	325			
PALAZZI IN ITALIEN	44	184	186	322	
PALAZZO BISCARI	186	325			

Während seiner Italienreise besuchte Johann Wolfgang von Goethe im Jahr 1787 auch den Palazzo Biscari in Catania auf Sizilien. An diesem Palast *(oben)*, in jeder Hinsicht ein Juwel des Rokoko, beeindruckten ihn nicht so sehr die weitläufigen Räume oder das Mobiliar, sondern die herrlichen Kunstwerke aus der Antike.

Ein anderes bemerkenswertes Beispiel aufwändiger Dekoration im italienischen Stil ist die Farmacia Santa Maria Novella in Florenz *(unten)*.

SIEHE AUCH
HÄUSER AUF SIZILIEN 176 180 193 198 378
ROKOKOZIMMER 182 325
WANDSCHMUCK 11 147 186 218 221 361

Das Herzstück des Palazzo Biscari ist der herrliche Ballsaal *(rechte Seite)*, der 1772 fertig gestellt wurde. Sein kuppelförmiges Deckengewölbe schmücken aufwändige Fresken, außerdem ist er mit üppig verzierten offenen Kaminen, eleganten Konsolentischchen und prachtvollen Spiegeln ausgestattet. Besonders eindrucksvoll ist der wunderbare Treppenaufgang, der zur Orchestergalerie führt *(oben rechts)*. Seine Fresken und Stuckaturen weisen zahlreiche Rocaillen auf, jene muschelförmigen Ornamente, die zu den bevorzugten Elementen des französischen Rokoko gehören.

SIEHE AUCH

VERZIERTE TREPPEN 324 325

KONSOLENTISCHE 144 212 229 282 360

STUCKATUREN 182 325

Die eindrucksvolle Villa Medici mit ihren antiken Skulpturen, exotischen Vögeln, Sklaven und Mohren war für Kardinal Giovanni Ricci von Montepulciano ein Ort der Inspiration. Nach seinem Tod ging das Anwesen in den Besitz von Kardinal Fernando de Medici über, dem fünften Sohn von Cosimo I., Großherzog der Toskana. Der Hofarchitekt der Medici, Bartolomeo Ammanati, übernahm die weitere Gestaltung der Villa und ihrer Gärten. Trotz der Pracht von Haus und Garten überrascht das Anwesen mit stillen Winkeln, die wie kleine, kostbare Vignetten wirken *(links und rechte Seite)*.

SIEHE AUCH

HÄUSER IN DER TOSKANA 29 217 340
FLIESENBÖDEN 136 144 151 228
RUNDE TISCHE 149 151 164 251
VILLA MEDICI 190
BEMALTE SCHRÄNKE 219 236 356 358
STATUEN 206 394

Diese beiden Interieurs in der Villa Medici wirken, als würden sie einen kurzen Blick hinter die Kulissen gewähren, so, als ob ihre Bewohner jeden Augenblick zurückkommen würden *(oben links und rechts)*. Es sind solcherart gestaltete Raumensembles, die mehr Inspirationen bieten als die großen Repräsentationsräume der Villa.

Diese beiden Interieurs in der Villa Medici wirken, als würden sie einen kurzen Blick hinter die Kulissen gewähren, so, als ob ihre Bewohner jeden Augenblick zurückkommen würden *(oben links und rechts)*. Es sind solcherart gestaltete Raumensembles, die mehr Inspirationen bieten als die großen Repräsentationsräume der Villa.

Diese beiden Interieurs in Umbrien *(oben links)* und einem Haus auf der Insel Madeira *(oben rechts)* haben trotz ihrer scheinbaren Schlichtheit etwas Opulentes. Durch geschickten Einsatz von Farben und Kontrasten wurde diesen Räumen ein Hauch von Luxus verliehen.

Im Schlafzimmer sorgen liebevolle Details dafür, dass der Raum stilvoll und komfortabel zugleich wirkt. Gefällige Arrangements und sehr persönliche Objekte schaffen Atmosphäre in einer Umgebung, in der wir mehr Zeit verbringen, als uns oft genug bewusst ist.

SIEHE AUCH

SCHLAFZIMMER	98	214	239	243	263
FENSTERLÄDEN	78	151	165	199	210
TAGESBETTEN	90	94	149	155	
SCHLAFZIMMER DES 19. JH.	250	263			

Bei diesen Schlafzimmern, die sich mit Ausnahme eines einzigen *(im Palazzo Chigi, oben links)* alle in Häusern und Wohnungen auf Sizilien befinden, fallen vor allem die Verzierungen der Betten auf – häufig die dekorativsten Elemente im ganzen Raum.

SIEHE AUCH

HIMMELBETTEN 146 151 158 165 214
HÄUSER AUF SIZILIEN 176 180 186 198 378
SCHLAFZIMMERMÖBEL 115 119 262 282
HUBLADENKOMMODEN 162 263 271 358 361

Jeder Raum, auch das Badezimmer, lässt sich auf völlig unkomplizierte Weise dekorieren und interessant gestalten. Eine einfache Dusche und ein paar elegante Möbelstücke sorgen dafür, dass man sich in diesem Bad in einem Haus auf Mauritius wohl fühlen und entspannen kann.

Die Ausstattung dieses Badezimmers ist so dominant, dass jeder andere Dekor so gut wie überflüssig wird. La Posta Vecchia am Tyrrhenischen Meer bei Ladispoli war einst die Villa der italienischen Fürstenfamilie Odescalchi und in den Siebziger-jahren des 20. Jahrhunderts einer der Wohnsitze des Milliardärs Paul Getty. Heute ist in dem Gebäude ein Luxushotel untergebracht, dessen Einrichtung – so auch die des Badezimmers – zum großen Teil mit Antiquitäten aus der wechselvollen Vergangenheit der Villa bestückt wurde.

Nicht sehr groß, aber dennoch überaus gefällig sind diese beiden Badezimmer, in denen vorwiegend einfache Materialien zum Einsatz kamen. Auffällig an diesem Bad in Chile *(oben links)* ist das eigenwillige Fliesenmuster an den Wänden und auf dem Boden. Das moderne Bad im maurischen Stil eines Hauses in Marrakesch *(oben rechts)* erhält dagegen durch die terrakottafarbenen Ziegel seine besondere Note. Sie sind nicht nur eine hübsche Einfassung für Dusche und Fenster, sondern schmücken auch Teile des Bodens. Die Hängelampe im marokkanischen Stil und Terrakottagefäße setzen weitere dekorative Akzente.

Dieses beiden Bäder in Italien *(oben links)* und Amerika *(oben rechts)* sind bewusst schlicht und nostalgisch eingerichtet, wirken aber keineswegs undekorativ. Ein Effekt, der auch der Farbe, Musterung und Form der Bodenfliesen zuzuschreiben ist, die in diesem einfach gehaltenen Ambiente zu einem ganz besonderen Blickfang werden.

Diese beiden Küchen auf Sizilien wirken so einladend, wie man das von einer gemütlichen Küche erwartet. Geschirr, Flaschen, Töpferware und andere Objekte – zum Teil bewusst arrangiert – sorgen für Formenvielfalt in einem eher linear ausgerichteten Design *(oben links)*.

Der lange Küchentisch *(oben rechts)* eignet sich nicht nur perfekt zur Vorbereitung der Mahlzeiten – auf der unteren Platte ist sogar genug Platz zum Abstellen fertiger Speisen –, sondern kann auch als zusätzlicher Essbereich genutzt und zu einer Tafel umfunktioniert werden.

In einer Zeit, in der man sich unter „Traumküche" eine Designerküche mit Hightech-Geräten vorstellt, sind Koch- und Essbereiche, die liebevoll zusammengestellt wurden und Elemente aus verschiedenen Stilepochen vereinen wie in diesem Haus in Florida *(oben links)*, eine wirklich erfrischende Abwechslung. Holz vor hellen Wänden ist immer eine Augenweide, doch in Verbindung mit traditionellen Terrakottafliesen, wie in diesem Bauernhaus in der Toskana, doppelt attraktiv *(oben rechts)*.

35
AVGVSTVS CHISIVS FLAVII FILIVS
ANNO ÆTATIS SVÆ 43
DOMINI 1648
OLIMPIA CHISIA PAMPHILII
DE ACIARIA ET VRANIA PETRVCCI
37
FRANCISCA PICCOLOMINEA VXOR AVGVSTI CHISII
ANN. 28 SVÆ DOMINI 1648
82
S. MARIA LVTVGARDA AVGVSTINI CHISII
PNPIS. FARNESII FILIA MONIALIS ORDINIS
PRAED. IN MON. SS. XISTI ET DOMINICI DE VRBE
ÆT. SVÆ A. 17 AN. DOM. 1680
83
ANGELA AVGVSTINI CHISII PNPIS FARNESII
FILIA ÆTAT. SVÆ AN. 15.
ANN. DOMINI 1680
84
FRANCISCA SERAFINA AVGVSTINI CHISII
PNPIS FARNESII FILIA MONIALIS ORDINIS
MINORVM SANCTI FRANCISCI IN MONASTERIO
S. HYERONIMI SENARVM S.A. 17. D.
1681
85
BERENICES AVGVSTINI CHISII
PNPIS FARNESII FILIA ÆTAT. SVÆ
ANN. 12 DOMINI 1679
ANNA ALDOBRANDINI LVDOVICI CHIGI
MARII ET ANT. DE SAYN WITTGENSTEIN
OBIIT DIE 17 SEPTM. 1899
132
ELEONORA MARII PRS CHIGI ET A. DE SAYN
WITTGENSTEIN FILIA NA DIE 29 OCT. 1871
VXOR MARCH. HENRICI INCISA DELLA ROCCHETTA

Sammlungen – seien es nun Bücher, Gemälde oder andere Objekte – setzen stets sehr dekorative Akzente, vor allem wenn sie komplett zur Schau gestellt werden. Die Wände dieses Raumes sind über und über mit Familienporträts bedeckt *(linke Seite und unten rechts)* – eine Art Kuriositätenkabinett im Sommerpalast der Adelsfamilie Chigi in Rom. Das ursprünglich aus dem Mittelalter stammende Gebäude wurde im 17. Jahrhundert in ein Barockjuwel umgewandelt, in dem Lucchino Visconti 1963 Szenen seines berühmten Films „Der Leopard" drehte. Weitaus schlichter, aber nicht minder eindrucksvoll ist die Bibliothek eines alten schwedischen Schlosses *(oben rechts)*, die mittlerweile in einem Heimatmuseum ausgestellt wird.

SIEHE AUCH

PALÄSTE DER CHIGI	45 193 203 293 347
BÜCHERREGALE	99 202 204 246 248 249 252 310 316
HÄUSER IN SCHWEDEN	210 214 216 218
BÜCHERLEITERN	204 206 252 269 316
BILDERGRUPPEN	11 147 226 251 265 298 307 337 349 361

Bücher machen jeden Raum attraktiv – aber nur selten entfalten sie eine solche Wirkung wie diese Bibliothek im Sommersitz der Familie Chigi. Hier herrscht eine Atmosphäre der Ruhe und Gelehrsamkeit. Die Räume dieses Palastes wurden mit Möbeln aus verschiedenen Epochen eingerichtet, was nicht weiter verwunderlich ist, wenn man bedenkt, dass sich die Villa seit Generationen im Familienbesitz befindet. Die Wände schmücken Bespannungen aus Korduan-Leder, Fresken, Vögel – gemalt oder als Mobile – sowie Trompe-l'œil-Malereien. Die Einrichtung ist prunkvoll, aber kein bisschen kitschig und zeugt von gutem Geschmack. Ähnlich stilvoll sind auch die prächtigen Räume dieses Herrenhauses in Umbrien *(oben links)*.

SIEHE AUCH

BÜCHERREGALE	99 201 204 246 248 249 252 310 316
MALTE DECKEN/WÄNDE	160 164 191 215 342 354
BIBLIOTHEKEN	204 206 246 248 252
TROMPE-L'ŒIL	209 210 342 345 355
SCHREIBTISCHE	207 208 246 457 458
ARBEITSZIMMER	130 181 246 444 456
BALUSTRADEN	68 148 166 195 330
VÖGEL	105 270 295 321 333 363

Eigentlich sollte jede Wohnung, jedes Haus über eine gut sortierte Bibliothek verfügen. In den Regalen lassen sich die einzelnen Bände eindrucksvoll arrangieren, wie dieses Beispiel in einer Villa in Salzburg zeigt *(oben)*. Einen wesentlich benutzteren Eindruck macht die Bücherwand in diesem Apartment in Paris *(unten)*. Die Bücherregale sind aus einfachen Holzbrettern gezimmert. Im Raum sind zahlreiche Möbel und andere Objekte zu entdecken, die den originellen Stil der Bewohner widerspiegeln.

SIEHE AUCH

BÜCHERLEITERN 201 206 252 269 316

ARBEITSZIMMER 256 258 271 303 331

HÄUSER IN ÖSTERREICH 54 348

Dieser Raum *(oben)*, eine Mischung aus Bibliothek und Arbeitszimmer, befindet sich in einem alten Haus in der Provence. Während die Wandgestaltung noch aus dem 18. Jahrhundert stammt, gehören die Möbel mehreren Stilepochen an. Besonders schön sind die beiden Sessel, einer aus Rohrgeflecht original aus den Vierzigerjahren des 20. Jahrhunderts, sowie die elegante Chaiselongue im Duchesse-Stil.

Bei diesem Apartment in Paris *(unten)* hat man die Bibliothek in das Wohnzimmer integriert. Ein Bücherschrank mit Glastüren gibt den Blick auf die Buchrücken frei. Ein reizvolles Lesezimmer, das, wie das Klavier beweist, auch zum Musizieren genutzt wird.

SIEHE AUCH

BÜCHERREGALE 99 201 202 246 248 249 252 310 316

BIBLIOTHEKEN 202 206 246 248 252

Diese Bibliothek entstand, indem man einfach die beiden Längsseiten des Raumes mit Regalen bestückt hat. Das Zimmer, das als Wohn- und Arbeitsraum genutzt wird, strahlt eine freundliche, einladende Atmosphäre aus. Es besticht durch einige außergewöhnliche Objekte wie die beiden Gips-Karyatiden, die der Eigentümer von seinem Großonkel, einem Architekten, geerbt hat. Die Karyatiden waren Originalmodelle für den Fassadenschmuck eines Jugendstilgebäudes.

Diese bemerkenswerten Interieurs sind eine gelungene Mischung aus Stilelementen, wie sie für den Norden beziehungsweise den Süden Europas üblich sind. Die Eigentümer des finnischen Gutes Louhisaari, in der Nähe von Turku gelegen, ließen sich nicht nur von italienischen Barockpalästen des 17. Jahrhunderts inspirieren, sondern auch von französischen Trompe-l'œil-Motiven aus dem 18. Jahrhundert. Die Villa, im Stil der baltischen Renaissance erbaut, ist das Geburtshaus von

Carl-Gustaf Mannerheim, der die Unabhängigkeit Finnlands von Russland erreichte und in den Jahren 1944 bis 1946 Präsident des Landes war. Sie beherbergt eine ebenso geschmackvolle wie originelle Einrichtung – eine wilde Mischung aus Barock, Rokoko, Empire und Biedermeier: Stilmöbel, die finnische Kunstschreiner nach alten Vorlagen bauten und die sich vor den mit Fresken geschmückten Wänden zu einem harmonischen Ganzen zusammenfügen.

Trotz der unglaublichen Stilmischung zeugen Möbel und Dekor des Gutes Louhisaari vom ausgesuchten Geschmack der Skandinavier und Balten. Selbst die dominanteren Deko-Elemente aus dem Süden Europas wirken hier alles andere als aufdringlich – was sicher auch an den zarten Pastellfarben (Grau, Hellgelb oder Blau) liegt, mit denen die Räume ausgestaltet wurden. In diesem Ambiente passen sogar die Trompe-l'œil-Malereien im französischen Stil, wie er Mitte des 18. Jahrhunderts en vogue war, und die große schwedische Standuhr zusammen.

SIEHE AUCH

FENSTERLÄDEN	78 151 165 192 199
HÄUSER IN SCHWEDEN	201 214 216 218
TROMPE-L'ŒIL	203 209 342 345 355
PASTELLFARBEN	211 216
STANDUHREN	133 224 231 237

Der Einfluss mittel- und westeuropäischen Designs wurde Ende des 17. Jahrhunderts auch in Skandinavien und dem Baltikum spürbar und erreichte im 18. Jahrhundert seinen Höhepunkt. Der Holzhandel mit den deutschen Staaten, den Niederlanden und vor allem mit England führte dazu, dass im Gegenzug viele Produkte aus Holz importiert wurden. Auf diese Weise lernten die einheimischen Schreiner auch das Design der Möbel aus den oben genannten Ländern kennen. Die meisten hier gezeigten Stücke wie diese große Standuhr sind höchstwahrscheinlich Kopien englischer Vorbilder. Trotzdem wirkt diese Einrichtung in den Räumen mit hellblauem Anstrich, der die Farben des Nordens widerspiegelt, äußerst luftig.

SIEHE AUCH

FENSTERLÄDEN, HOLZ 84 114 124 174 195

LTISCHE RENAISSANCE 208 209 346

Die Einrichtung von Durchgangsräumen – etwa Flure, Treppenabsätze und Zwischengeschosse – können einiges Kopfzerbrechen bereiten. Eine Lösung besteht darin, sie als Ausstellungsfläche zu nutzen, um dort persönliche Lieblings- und Erinnerungsstücke zu präsentieren. Im Castello Falconara auf Sizilien *(oben links und rechts)* lassen exquisites Mobiliar, eine Reihe von venezianischen Hängelampen und reichlich Wandschmuck auch den längsten Korridor zum Blickfang werden.

Von den Lampen und den Bodenfliesen einmal abgesehen würde diese Empfangshalle in einem Haus in Burgund ziemlich kahl wirken, wären da nicht die vielen Jagdtrophäen an den Wänden. Die spitzen Geweihe, die ausgestopften Hirsch- und Eberköpfe wirken hier so dramatisch, dass jedes weitere Dekor überflüssig wird.

Dieses schlichte schwedische Schlafzimmer aus gustavianischer Zeit – eine Rekonstruktion – befindet sich im Heimatmuseum Skansen. Dass das Bett an die Wand geschoben und mit einem Baldachin verziert wurde, deutet darauf hin, dass man das Zimmer wahrscheinlich auch als Wohnraum genutzt hat. Der rustikale Stuhl mit dem karierten Sitzpolster sieht aus wie die schwedische Variante eines typisch amerikanischen Carver-Stuhls. Ein Kinderstuhl, eine Kommode sowie eine Wiege vervollständigen die Einrichtung. Im 18. Jahrhundert wären die Wände wahrscheinlich noch mit Leinen bespannt und dann bemalt worden, um den Effekt einer Vertäfelung zu erzielen.

Die hier gezeigten Schlafzimmerinterieurs aus dem 18. Jahrhundert beweisen eindrucksvoll, mit welch einfachen Mitteln man eine behagliche Atmosphäre erzeugen kann. Ein Baldachin lässt das Bett gleich viel kuscheliger und einladender aussehen und bildet einen reizvollen Kontrast zu dem blanken Dielenboden. Das schwedische Zimmer *(oben links)* muss in einer Kultur, die durch Schlichtheit gekennzeichnet ist, recht extravagant gewirkt haben. Zurückhaltung ist dagegen in dem zweiten Schlafzimmer erkennbar, das sich in einem Freilichtmuseum in Sturbridge, Massachusetts, befindet *(oben rechts)*. Hier kann man das Leben auf dem Land im Neuengland der Zeit von 1790 bis 1840 nachempfinden.

Ein kühler, skandinavischer Klassizismus prägt dieses schwedische Esszimmer, das nun ebenfalls Teil eines Museums ist. Die Wandvertäfelungen, die von großen, ovalen Porträts geschmückt werden, haben den typisch hellgrauen Anstrich, nur die Zierleisten sind golden. Wie die auf den Boden gestreuten Blumen vermuten lassen, ist der Tisch für ein festliches Weihnachtsmahl gedeckt. Die Sitzgelegenheiten, wenngleich etwas schlichter, erinnern an englische Stühle aus der Zeit Mitte des 18. Jahrhunderts. Die klassische Büste am Fenster und der schöne Kronleuchter samt seinen Kristallen mit Facettenschliff sorgen in einer ansonsten recht nüchternen Einrichtung für dekorative Akzente.

Auch um einen imposanten Tisch in der Mitte gruppiert, aber doch ganz anders als das von strenger Zurückhaltung geprägte skandinavische Esszimmer ist dieses toskanische Interieur in italienischem Barock. Die geschwungenen Linien und Verzierungen der verschnörkelten Bilderrahmen und Stuckelemente werden von den schwer gerahmten Spiegeln und Gemälden fortgesetzt. In dem riesigen Spiegel über dem Kaminsims kann man einen Teil des reich mit Fresken geschmückten Deckengewölbes erkennen. Um die große Tafel dagegen wurden Stühle platziert, deren vergleichsweise schlichte Form englische Einflüsse aufweist. Die großen Vasen aus chinesischem Porzellan eignen sich hervorragend als Tischschmuck, solange die Tafel nicht eingedeckt ist.

Diese traditionelle schwedische Küche im Landschloss von Tureholm wirkt trotz einiger verspielter Elemente klar strukturiert und zweckmäßig. Die effektvolle Verwendung von tiefen Blautönen bei der Gestaltung von Wandvertäfelung, Tür und Decke, ja sogar der Kommode, zeigt eindrucksvoll, wie auch Nutzräume Akzente setzen können. Die einfachen Stühle stehen in einem interessanten Kontrast zu den verschnörkelten Wandleuchtern und dem locker arrangierten blauweißen Porzellan – ein weiterer Blickfang.

Es gibt kaum etwas Beeindruckenderes in einem Haushalt als ein traditionelles Küchenregal, das bis an den Rand gefüllt ist mit kostbarem Familienporzellan. Formeller als das Arrangement auf den vorangegangenen Seiten wirkt dieses Stillleben *(links)*, das sich ebenfalls in einem Raum des Landschlosses von Tureholm befindet. Das Vorhandensein eines Klapptisches sowie schlichter Esszimmerstühle legt nahe, dass in diesem Raum auch gegessen wurde.

Gegen Ende der georgianischen Epoche erlebten irische Architektur und irisches Design ihre größte Blütezeit. Dieses als Wandschmuck genutzte Service *(rechte Seite)* spiegelt das damalige starke Bedürfnis nach Ordnung und Kultiviertheit eindrucksvoll wider. Das Porzellan hängt über einer klassizistischen Anrichte aus dem späten 18. Jahrhundert mit integrierten Schränkchen, die auf Krallenfüßen ruhen. Ihre eleganten, spitz zulaufenden Beine lassen vermuten, dass das Möbelstück nach einem Musterbuch mit Entwürfen von George Hepplewhite und Thomas Sheraton angefertigt wurde.

SIEHE AUCH						
GUSTAVIANISCHER STIL	41	214	215	216		
WANDSCHMUCK	11	147	186	218	221	361
PORZELLANDEKO	54	236	238	320	361	
HÄUSER IN IRLAND	284	330	336	341	456	

Fliesen in kräftigen Mustern, insbesondere in schwarzweißem Schachbrettmuster verlegt, wirken in sonst eher zweckmäßigen Räumen äußerst dekorativ – wie in dieser Sattelkammer in einem schottischen Landhaus *(oben)*. Das Dessin der Wandfliesen in dieser hervorragend erhaltenen Großküche in Wales *(unten)* ist dagegen etwas zurückhaltender, bildet aber einen äußerst attraktiven Hintergrund für das blitzblank polierte Kupfergeschirr.

SIEHE AUCH

KÜCHENREGALE	109 138 171 218 238 275 363
MUSEEN	164 201 218 225 230
HÄUSER IN WALES	80 224 234 253 338
BÖDEN MIT KAROMUSTER	301 378 382 397 418
GEFLIESTE WÄNDE	227 411
KÜCHENGESCHIRR	140 432 434 440 444

Diese prächtige alte Küche in einem schottischen Landhaus steckt voller Anregungen – auch für die Ausstattung moderner Küchen: Ihr Material, ihre Form oder auch ihre Funktion machen Küchengeräte aus früheren Zeiten zu beliebten Accessoires, die einen interessanten Kontrast zu vielen modernen Kücheneinrichtungen bilden. Einige Utensilien wie Kupferkessel sind heute nicht mehr in Gebrauch und dienen rein dekorativen Zwecken, andere haben sich so lange und gut bewährt, dass sie reizvolle Gebrauchsspuren aufweisen: Mörser, Tonschüsseln, Holzbretter, eine Waage mit Gewichten – alle haben Patina angesetzt.

SIEHE AUCH

USER IN SCHOTTLAND 222 224 228 255

WANDUHREN 224 308 316

HOLZTISCHE 94 120 137 175 237

FRANKREICH

WALES

MASSACHUSETTS

MASSACHUSETTS

SCHOTTLAND

SCHOTTLAND

Die hier abgebildeten Küchen *(beide Seiten)* sind alle Museumsstücke: Sie befinden sich in Häusern, die restauriert wurden, um zu zeigen, wie man früher gelebt hat. Trotzdem wirken sie unglaublich modern, weil sie sich in vielen Dingen gar nicht so sehr von den Küchen unterscheiden, in denen heute gekocht wird. In allen Häusern wurde stets viel Wert auf einen Tisch mit einer großen Arbeitsplatte gelegt, an dem man Mahlzeiten sowohl zubereiten als auch verzehren kann. Die auf Regalen, Kommoden oder direkt an der Wand sorgsam arrangierten Haushaltsgegenstände bestechen durch ihre Farben- und Formenvielfalt. Auch die großen gefliesten Flächen, vor allem die Böden, wirken sehr dekorativ.

SIEHE AUCH

HÄUSER IN WALES	80	222	234	338		
JSER IN SCHOTTLAND	222	228	255			
WANDUHREN	223	308	316			
ERIKANISCHE KÜCHEN	199	274	363			
HERDE	228	234	238	275	292	309
BEMALTES HOLZ	232	279	290	304	351	
LANDHAUSMÖBEL	234	265	338			
LANDHAUSKÜCHEN	198	266	292	362	419	

MASSACHUSETTS

Dieses Ferienhaus eines Modedesigners in Rémy-de-Provence ist hell und geräumig. Alles, was auch nur im Geringsten düster hätte wirken können, wie die niedrigen Decken mit den dazugehörigen Balken, hat man weiß überstrichen. Zwei lange Küchentische wurden zusammengeschoben und bilden eine große Tafel, an der reichlich Platz ist für Familienmitglieder und Gäste. Die Metallstühle lassen sich auch hervorragend mit nach draußen nehmen, falls man einmal im Freien zu Abend essen möchte. Zwei große Kandelaber und ausgewählte Kunst an der Wand verleihen dem Raum einen Hauch von Eleganz.

In der Küche desselben Hauses wird das weiße Farbschema der anderen Räume fortgesetzt, allerdings nicht ohne das ein oder andere hinzugefügte dekorative Element. Das Mobiliar hat einen hellgrauen Anstrich, während die Wandfliesen hinter der Arbeitsfläche bunte Akzente setzen. Flaschen, Einmachgläser und andere Gefäße werden offen präsentiert: Sie sind praktisch und haben eine schmückende Wirkung.

Auf die Schönheit einfacher Dinge kann man vor allem bei der Einrichtung von Küchen vertrauen. In dieser zu Museumszwecken restaurierten schottischen Küche *(oben links und rechts)* beeindruckt der schlichte alte Schrank mit dem großen polierten Messingtablett, der sich genau wie der gemusterte Boden auch in einer modernen Küche sehr gut machen würde. Selbst der alte Herd sieht heute erhältlichen mit Gas beziehungsweise Holz befeuerten Öfen gar nicht einmal so unähnlich.

Sowohl schottisches als auch skandinavisches Design ist bekannt für seine Schlichtheit. Diese beiden Arrangements, die in eine Küche ebenso gut passen wie in ein Esszimmer, wurden in Museen wieder aufgebaut. Das schwedische Modell *(oben rechts)*, das sich im Heimatmuseum Skansen, Stockholm, befindet, lässt den Klassizismus der gustavianischen Epoche wieder aufleben, der durch das Wandtischchen mit den charakteristisch spitz zulaufenden Beinen repräsentiert wird.

Wie in einem Land mit so strengen, dunklen Wintern nicht anders zu erwarten, war und ist der Ofen in vielen schwedischen Wohnzimmern das zentrale Element. Dieses ausgesprochen schlichte Modell hat die Zeiten im Heimatmuseum Skansen überdauert. Andere Öfen hat man dagegen mit schön bemalten Kacheln verkleidet, um nicht nur ihre Bedeutung als Wärmespender, sondern auch den Wohlstand der Familie zu betonen. Die Einrichtung dieses großzügigen Raumes mit hellen Dielen wird durch einfache Holzmöbel sowie durch zwei etwas elegantere klassizistische Spiegel vervollständigt.

In traditionellen schwedischen Wohnungen spenden nicht nur die Öfen Wärme – bemalte Möbel sorgen zusätzlich für eine freundliche Atmosphäre. In diesem Fall ist es eine große Standuhr, die einst sicher zu den kostbarsten Besitztümern der Bewohner zählte. Durch die offene Tür sieht man im Nebenzimmer einen klassischen runden Kachelofen. Heute befinden sich die Räume in Skansen.

Folgende Seiten
Mit der Wandbemalung dieses Interieurs in einem Haus in Schweden wollte man ursprünglich Marmor imitieren. Da aber die verwendete Grundfarbe extrem schnell trocknete, blieb offensichtlich nicht genug Zeit, um etwas subtilere Effekte zu erzielen. Das dementsprechend kühne Muster, das an die Struktur von Zellen erinnert, ist dennoch überaus originell.

RUSTIKAL

Die auf diesen und den folgenden Seiten gezeigten Interieurs haben mit dem puristischen Minimalismus der vorangegangenen Einrichtungen kaum etwas zu tun, wenngleich auch hier zum Teil mit einfachen Mitteln gearbeitet wurde. Drei der hier abgebildeten Zimmer, die eine warme, gemütliche Atmosphäre ausstrahlen, befinden sich in rekonstruierten Häusern in Wales. Die ehemaligen Unterkünfte von Grubenarbeitern verfügen alle über offene Herd- oder Kaminfeuer, die nicht nur zum Kochen und Backen, sondern auch zum Warmhalten von Bügeleisen, Ziegeln für die Betten und andere Dinge genutzt wurden. Die Möblierung ist einfach, dafür aber reichlich; das gilt auch für die vielen zur Schau gestellten kleineren Objekte: Teller, Vasen, Krüge, poliertes Messinggeschirr und Uhren. Das Service für besondere Gelegenheiten und andere wertvollere Gegenstände präsentierte man gerne für jedermann sichtbar, etwa in einem Eckschränkchen mit Glastüren *(unten links)*.

SIEHE AUCH

HÄUSER IN WALES	80	222	224	338
FEUERSTELLEN	255	264	338	340
LANDHAUSMÖBEL	224	265	338	

Diese schlichte Behausung aus der Kolonialzeit findet sich in einem Heimatmuseum in der Nähe von Quebec. Die Dominanz von Holz – Deckenbalken, Böden und Möbel – lässt auf eine Umgebung schließen, in der es viele Wälder gibt und die Winter kalt sind. Eine Tatsache, der auch die prominente Stellung des verzierten Eisenofens in einem ansonsten eher schlichten Ambiente Rechnung trägt. Darin ähnelt das kanadische Design schottischen oder skandinavischen Interieurs.

SIEHE AUCH
ÖFEN 240 273 284 317 326
UNBEHANDELTE BÖDEN 125 230 239 280 299

Das Heimatmuseum von Skansen ist eine wahre Fundgrube für schwedisches Design. Diese Beispiele *(oben links und rechts)* unterscheiden sich allerdings erheblich von den bereits vorgestellten Häusern im gustavianischen Neoklassizismus, wie sie vor allem von reichen Familien in Stockholm bewohnt wurden. In diesen eher ärmlichen Behausungen wird jeder Wertgegenstand stolz präsentiert – angefangen von Tellern im Küchenregal bis hin zu den bemalten Holzmöbeln, die wie ein Schatz gehütet wurden. Umgeben von groben, rustikalen Tischen und Stühlen kommt der reich verzierte Schrank in der Ecke *(oben rechts)* besonders gut zur Geltung; in ihm wurde die Aussteuer der Braut aufbewahrt.

Auffällig an diesen Holzmöbeln in einem Haus in Kanada ist die Anmut, die sie trotz aller Schlichtheit ausstrahlen *(oben links)*. Die Stühle und Tische sowie der doppeltürige Schrank wirken mit ihren klaren, funktionalen Formen beinahe edel. Das schwedische Esszimmer *(oben rechts)* wurde hingegen mit mehr dekorativen Elementen versehen. Vor allem die bemalten Bauernmöbel setzen Akzente; die wertvollsten weisen dabei auch die reichhaltigsten Verzierungen auf: In diesem Fall sind das die Standuhr sowie der Eckschrank.

Holz gilt seit jeher als ansprechendes Material – kein Wunder, dass viele es, zumindest, was die Küche anbelangt, Plastik oder Metall vorziehen. In diesem Haus im Département Haute-Savoie, Frankreich, bringt ein hölzernes Büfett mit Regalaufsatz die Geschirr- und Keramiksammlung besonders schön zur Geltung *(oben links)*. Aber auch in der Großstadt kommen die warmen Töne von bemaltem Holz gut an: In einer Umgebung, die von Stein, Ziegelwerk und Beton geprägt ist, sind sie Balsam für die Seele. Diese Pariser Küche mit viel poliertem Holz *(oben rechts)* ist eine moderne Variante des rustikalen Dekors.

Im Schlafzimmer sorgt Holz für einen Hintergrund, vor der Wohntextilien gut zur Geltung kommen. Die Chalet-artige Bauweise mit viel Holz lässt dieses Schlafzimmer in einem Haus im Département Haute-Savoie *(oben links)* so gemütlich wirken, dass Bett und Ohrensessel – Inbegriffe von Komfort und Gemütlichkeit – beinahe in den Hintergrund treten. Da wirkt dieses kanadische Schlafzimmer *(oben rechts)* schon wesentlich spartanischer, wenngleich das Bett mit den vier verzierten Pfosten sowie die Porträts an der Wand erkennen lassen, dass diesem Raum durchaus einige Bedeutung beigemessen wurde.

Diese mittlerweile zu einem Heimatmuseum gehörende Blockhütte eines Trappers in Quebec zeigt, wie groß das menschliche Bedürfnis nach Behaglichkeit, Schutz und Wärme ist – insbesondere inmitten der kanadischen Wildnis. Der robuste Herd in der Mitte sowie die extrem kleinen Fenster garantieren einen geringen Wärmeverlust beim Heizen. Das rustikale, schlichte Mobiliar hat beinahe eine moderne Anmutung.

Diese beiden hier gezeigten skandinavischen Interieurs sind völlig unterschiedlich, stehen aber trotzdem in ein und derselben Tradition. Die Einrichtungsgegenstände im Atelier eines Malers im Heimatmuseum in Skansen *(oben)* sind Ausdruck einer Kultur, die großen Wert auf die verwendung erstklassiger und vor allem heimischer Materialien legt. Die einfachen und zugleich eleganten Möbel und Objekte aus Holz sowie die gewebten Vorhänge und Teppiche wurden alle vor Ort gefertigt.

Dieselbe Wertschätzung, was das Material anbelangt, ist auch diesem Haus anzumerken *(unten)*, das von Eliel Saarinen Anfang des 20. Jahrhunderts entworfen wurde und in Hvittsträsk, Finnland, steht. Die Möbel und Deko-Objekte dieses Wohnraums harmonieren hervorragend und spiegeln die Vorstellung des Architekten vom Haus als Gesamtkunstwerk wider.

SIEHE AUCH
HÄUSER VON SAARINEN 88 382
SKANSEN 230
KUNSTHANDWERK 255

Hölzerne Deckenbalken werden von den meisten Menschen als äußerst behaglich empfunden. Vielleicht, weil wir an ihnen die Bauweise des Hauses sehen können, das uns Schutz und Obdach gibt. Vor allem die Dachböden alter Gebäude haben immer auch etwas von einem Versteck. Genau der richtige Ort für ein gemütliches Schlafzimmer, wie man an diesen Beispielen in Grenoble *(oben)* und im Département Allier in Mittelfrankreich *(unten)* sehen kann.

SIEHE AUCH
SCHLAFZIMMER 98 192 214 239 263
DACHZIMMER 124 133 239 263 311 313
HOLZHÄUSER 236 239 240 244
HÄUSER IN GRENOBLE 383

Diese vier Interieurs zeigen, wie mit Hilfe von Mustern, Strukturen und einer Vielzahl von Objekten und Möbeln auch in kleinen Räumen eine gemütliche Atmosphäre geschaffen werden kann. In diesem holzvertäfelten Zimmer in einem Haus in der Normandie *(oben links)* werden sogar Hut und Mantel zum Blickfang.

Beim Einrichten eines Wohnwagens ist mit Platzproblemen zu rechnen. Trotzdem wirkt dieses Heim einer Pariser Artistenfamilie *(oben rechts)* einladend und alles andere als beengt. Viel Stauraum ermöglicht eine Gestaltung wie in einem „normalen" Wohnzimmer: Teppiche, Stühle, Tische und Kommode – nichts fehlt.

Der Schlafbereich im selben Wohnwagen *(oben links)* ist voll gestopft mit Krimskrams, Vorhängen, Kissen und Spielzeug. Nachts durch einen schweren Samtvorhang vom Wohnraum getrennt, bietet das große Bett tagsüber weitere Sitzgelegenheiten. Das verschwenderische Dekor des Interieurs erinnert an die viktorianische Vorliebe für großflächige Muster *(oben rechts)*. Die opulente Gestaltung dieses Raumes in einem alten Haus in Quebec entspricht dem Stil der klassischen Inneneinrichtung im Europa des 19. Jahrhunderts, der damals bis nach Kanada exportiert wurde. Teppiche, Vorhänge und Tapeten zieren viele miteinander verschlungene farbige Motive, die gut zu dem dunklen Mobiliar passen.

BRASILIEN

BRASILIEN

Diese Bücherwände verleihen den hier gezeigten Interieurs eine einladende Atmosphäre, ohne jedoch den strengen Charakter einer Bibliothek heraufbeschwören zu wollen. Der Leseraum mit einem einladenden traditionellen Ziegelkamin in der Mitte befindet sich in einem Institut in der mexikanischen Region Chiapas, genauer gesagt in San Cristobal de Las Casas *(oben)*. Gegründet in den Vierzigerjahren des 20. Jahrhunderts in den Gebäuden eines ehemaligen Priesterseminars, setzen sich heute viele ehrenamtliche Mitarbeiter für die Interessen der Indios ein.

Dieses Studierzimmer dagegen *(unten)* ist ein weiteres Beispiel für die zurückhaltende, schwedische Inneneinrichtung, die uns bereits in zahlreichen Häusern des Heimatmuseums in Skansen begegnet ist. Viele Bücher, ein großer Schreibtisch, Bilder und andere Deko-Objekte – das Design wirkt dennoch alles andere als aufdringlich.

Dieser Raum im Apartment eines Pariser Modedesigners ist nicht nur ein gemütlicher Arbeitsplatz, sondern auch ein ebensolcher Wohnraum *(rechte Seite)*. Bücher, persönliche Gegenstände und Möbel sind so arrangiert, dass eine zwanglose und zugleich kreative Atmosphäre entsteht.

SIEHE AUCH					
STEINWÄNDE	38	122	265		
BÜCHERREGALE	99	201	202	204	248
	249	252	310	316	
HÄUSER IN MEXIKO	30	78	171	277	355
SCHREIBTISCHE	203	207	208	457	458
ARBEITSZIMMER	130	181	203	444	456
LAMPEN	134	260	303	364	

JAMES CLAVELL
LAZAREFF

Kein Einrichtungsstil schafft eine so gemütliche Atmosphäre wie der englische. Dazu gehören schwere, zum Teil schon ein wenig verschlissene Sessel, Sofas und Kamingitter, die opulent und charmant zugleich wirken. Dieses ansprechende Interieur *(oben)* befindet sich nicht etwa in einem alten Herrenhaus, sondern in einem umgebauten Londoner Lagerhaus, dessen Bewohner unter anderem auch mit Antiquitäten handeln. Eine Lampe aus dem 19. Jahrhundert mit seidenem Lampenschirm wirft ein angenehm warmes Licht auf die beiden robusten Sessel und die Stapel mit Architekturbüchern, die auf dem Boden und auf einem Beistelltisch, ebenfalls 19. Jahrhundert, liegen. Zur Küche hin wird dieses Studierzimmer von zwei klassizistischen Säulen begrenzt.

Mit seinen Bücherwänden, Vitrinen und dem dunklen Holz hat dieses Arbeitszimmer in einem alten Haus in Quebec *(unten)* eine ähnlich behagliche Ausstrahlung. Nostalgie pur – man fühlt sich in die Zeit um die Jahrhundertwende zurückversetzt.

SIEHE AUCH

BÜCHERREGALE	99 201 202 204 246 252 310 316
LEDERMÖBEL	235 256 264 313 314
VIKTORIANISCHER STIL	245 254 357

Auch wenn sich dieses chilenische Haus am anderen Ende der Welt befindet, hat es große Ähnlichkeit mit den hier gezeigten übrigen Beispielen. Die schlichten Bücherregale und die verschnörkelten Möbel bilden ein harmonisches Ganzes *(oben)*.

„Very british“ – und zwar original – ist dagegen dieses Studierzimmer in Charleston, jenem alten Bauernhaus in Sussex, das von Mitgliedern des berühmten „Bloomsbury-Circle“ bewohnt wurde *(unten)*. Die auffällige Kaminbemalung und das Design der verschiedenen Sesselbezüge stammen aus Workshops der Künstlervereinigung Omega, die im Jahr 1913 vom Kunstkritiker Roger Fry gegründet wurde. Die Werke von vielen jungen Bloomsbury-Künstlern wie Vanessa Bell, der Schwester Virginia Woolfs, und Duncan Grant wurden durch sie bekannt.

SIEHE AUCH
HÄUSER IN CHILE 196 333 371 379
CHARLESTON 83 260 358

Auch wenn hier keine großen Sessel und Sofas – typische Elemente des englischen Stils – zu entdecken sind, wirkt dieser Raum in einer Pariser Wohnung sehr lebendig und einladend. Die schlichten, aber eleganten Möbel wirken zufällig arrangiert und die zahlreichen Gemälde, Zeichnungen, Bücher sowie eine große Pinnwand legen nahe, dass dieser Schlafraum gleichzeitig als Arbeitszimmer genutzt wird.

Europäische Gemütlichkeit hat häufig einen etwas formellen Charakter: Diese Stühle, französischen Modellen aus dem 18. Jahrhundert nachempfunden, sind sorgsam um einen kleinen Tisch gruppiert, auch Bilder, Bücher und zahlreiche andere Objekte wurden bewusst arrangiert. Trotzdem lässt sich in diesem Raum in einer Budapester Wohnung ganz vortrefflich sitzen und in angenehmer Atmosphäre plaudern.

Wenn man von der Existenz zweier grundlegend verschiedener Einrichtungsstile ausgeht – dem Streben nach der reinen, klaren Form einerseits und nach üppiger Dekoration andererseits –, besteht wohl kein Zweifel, welchem Stil sich die Eigentümer dieses Brüsseler Apartments *(beide Seiten)* verschrieben haben: Jede freie Fläche wurde so liebevoll und verschwenderisch gestaltet, dass es immer wieder etwas Neues zu entdecken gibt. Dunkle Wände und Bücherregale schaffen eine äußerst behagliche Atmosphäre und bilden einen reizvollen Kontrast zu den meist helleren Buchrücken. In diesen Räumen ist einfach alles Ornament. Neben eher traditionellen Deko-Objekten wie Gemälden, Paravents, Krügen und Vasen sticht besonders eine Wand ins Auge, die über und über mit Fragmenten antiker Bilderrahmen geschmückt wurde.

SIEHE AUCH

BÜCHERLEITERN 201 204 206 269 316

BÜCHERREGALE 99 201 202 204 246 248 249 310 316

KAMINSIMSE 340 341

SAMMLUNGEN 265 268 298 302 307 321 357 359 361 362

Dunkle Farben und ein verschwenderischer Umgang mit stark gemusterten Oberflächen sind typische Merkmale des spätviktorianischen Stils *(oben links und rechts)*. Schwere Mahagonimöbel mit prachtvollem Schnitzwerk und Perserteppiche waren Statussymbole des städtischen Bürgertums. Und doch kann man in diesem Haus im kanadischen Quebec Einrichtungsgegenstände entdecken, die sich an den Lebensstil des Landadels anlehnen: Jagdtrophäen wie einen ausgestopften Hirschkopf, schwere dunkle Bücherregale, die eine Atmosphäre wie in einer Bibliothek schaffen sollen, sowie ostentativ zur Schau gestellte, gezielt ausgewählte wertvolle Kunstgegenstände.

Dieses viktorianische Wohnzimmer *(oben links)* schwelgt in der damaligen Vorliebe für Muster: Jede freie Fläche, ja sogar die Zimmerdecke, wurde dekoriert, um größtmögliche Behaglichkeit zu schaffen. Verglichen mit dieser Opulenz wirkt das Mobiliar beinahe nüchtern – ein Beleg dafür, dass man sich gegen Ende des 19. Jahrhunderts nicht nur mit der Form, sondern auch mit der Funktionalität der einzelnen Möbelstücke auseinander setzte. Längst nicht so überladen, stattdessen eher schlicht und elegant, präsentiert sich dieses Interieur aus dem späten 18. Jahrhundert *(oben rechts)* in einem Haus in Schottland, das dennoch warm und freundlich wirkt. Gemälde und Mobiliar kommen vor der grünen Holzvertäfelung besonders gut zur Geltung.

INDIVIDUELL

Bei vielen Inneneinrichtungen ist es vor allem das liebevolle Arrangement von persönlichen Gegenständen, das die Räume unverwechselbar macht und ihnen eine Art improvisiertes Flair verleiht. Das gilt nicht nur für Wohnzimmer, sondern auch für die Arbeitszimmer, in denen man seine Korrespondenz erledigen kann. Bei diesem schon etwas mitgenommen wirkenden Schubladentisch in einem Apartment in Paris *(oben links)* hat man jedoch eher den Eindruck, dass er weniger zum Schreiben als zur Präsentation von Deko-Objekten dient. Da wirkt dieser auf Hochglanz polierte Schreibtisch, der vor einer dekorativen Zwischenwand platziert wurde, schon glaubwürdiger *(oben rechts, ebenfalls in Paris)*.

In einem großen Raum kann man den Schreibtisch zum interessanten Blickfang stilisieren, gewissermaßen als Gegenpol zum Wohnbereich. Eine besondere Wirkung erzielt man dabei, wenn man auf der Tischplatte Stillleben aus ungewöhnlichen Objekten oder kleinen Kunstgegenständen arrangiert wie bei diesen sehr unterschiedlichen Varianten in Pariser Apartments *(oben links und rechts)*.

Die Präsentation außergewöhnlicher Objekte ist hervorragend geeignet, um eine interessante Atmosphäre zu schaffen. Dieser neapolitanische Wohnraum *(oben links)* erhält seinen besonderen Charme durch die üppig drapierten Stoffe aus dem 19. Jahrhundert, deren prachtvolle Muster die hellen Wände dominieren. Die anderen, weniger offensichtlichen Arrangements lassen den Raum wie ein Kuriositätenkabinett erscheinen: Ein Stapel Bücher auf dem Tisch, kleine Statuen, ja sogar Puppenköpfe befinden sich unter den zahlreichen *Objets trouvés*.

Auch das nächste Pariser Apartment *(unten links)* fällt durch ungewöhnliche Arrangements auf. Blickfang in diesem eher schlichter möblierten Raum ist ein eleganter, neoklassizistischer Tisch, auf dem ganz unterschiedliche Gegenstände scheinbar willkürlich platziert wurden.

Dieses Pariser Apartment *(rechte Seite)*, das einst Coco Chanel gehörte, besticht durch seine Opulenz. Hier herrschen Luxus und Überfluss, nichts blieb dem Zufall überlassen. Jeder Gegenstand befindet sich an einem ausgewählten Platz – von der antiken Statue auf dem Kaminsims bis hin zum Louis-quinze-Sessel. Obwohl Proportionen und Herkunft der Objekte sehr unterschiedlich sind, strahlt der Raum eine perfekte Harmonie aus. Alles ist übrigens noch genau so wie zu der Zeit, als Coco Chanel hier noch arbeitete.

SIEHE AUCH

MARMORKAMINE	45	114	190	265	295
ARBEITSZIMMER	204	256	271	303	331
SPIEGEL	263	285	296	299	303
OVALE TISCHE	109	220	288		
APARTMENTS VON CHANEL	356	364			

Der klassische Ohrensessel bietet nicht nur großen Komfort, sondern vermittelt auch ein Gefühl von Ungestörtheit. Er ist weich gepolstert, auch an den Armlehnen, und hat jene hohe Rückenlehne mit den beiden charakteristischen „Ohren", die vor unangenehmem Luftzug oder allzu neugierigen Blicken schützen sollen. Wann dieses Modell zum ersten Mal auftauchte, weiß man nicht; sicher ist aber, dass diese Sesselform Ende des 17. Jahrhunderts gebräuchlich wurde und sich bis tief ins 20. Jahrhundert hinein größter Beliebtheit erfreute. Zusammen mit dem Chesterfield-Sofa gehörte der Ohrensessel zum klassischen Mobiliar der englischen Herrenclubs.

Das hier abgebildete Modell steht in einem Bauernhaus in Charleston, Sussex. Es wirkt erstaunlich leicht, wohl nicht zuletzt wegen der unverdeckten Beine und der hellen Husse. Normalerweise sind Ohrensessel viel massiver, haben oft einen Bezug aus schwerem Samt oder Leder und ruhen auf kurzen, häufig gedrechselten Füßen. Während sich an dieser klassischen Version lange Zeit kaum etwas geändert hatte, wurden in den letzten hundert Jahren mehrere Versuche unternommen, diesem Möbel ein modernes Gesicht zu verleihen. Besonders interessant waren dabei das Modell „Nr. 670" aus Rosenholz und Leder von Charles Eames aus dem Jahr 1956 sowie der eiförmige Sessel von Arne Jacobsen, der ein Jahr später entstand.

SIEHE AUCH

STOFFÜBERWÜRFE 38 113 179 183 190 297 302 307 313

CHARLESTON 83 249 358

BRÜCKEN 124 135 272 282 304

LAMPEN 134 247 303 364

Im Vergleich zu der relativ nüchternen englischen Variante ist dieser korsische Ohrensessel wesentlich verspielter. Die typischen Merkmale wie die hohe Rückenlehne und die beiden „Ohren“ wurden sehr stark betont und verleihen dem Möbel eine große Eleganz. Ebenso auffällig sind die geschwungenen verzierten Beine, die man keinesfalls mit einer Husse oder einem Überwurf verhüllen sollte.

SIEHE AUCH
OHRENSESSEL 239 249 297 304

In diesem New Yorker Apartment herrscht das Prinzip Vielfalt: Jedes einzelne Zimmer wurde in einem anderen Stil eingerichtet, was sich sowohl im Mobiliar als auch in der Wandgestaltung widerspiegelt. Das große Schlafzimmer mit einem Bett aus geflochtener Weide *(oben)* ist eine Hommage an die Kultur der Navajo. Die Teppiche auf dem Boden, der Bettüberwurf und die Wandbehänge wurden nach traditionellen indianischen Mustern gewebt. Der Wandfries etwa greift Motive aus der Keramikkunst der Navajo auf. Der untere Schlafraum scheint dagegen eher das Europa des 18. Jahrhunderts wieder aufleben zu lassen, wobei auch hier Elemente wie der Teppich Akzente aus der Neuen Welt setzen. Die großen Kissen, der Bettüberwurf und der Sessel – gelungene Farbtupfer in einem hellen Raum –, sind aus Köper gefertigt.

SIEHE AUCH

SCHALFZIMMERMÖBEL	115	119	193	282	
STAURÄUME IM SCHLAFZ.	270	308			
DEKORIERTE TRUHEN	159	251	376	441	
WEBKUNST	116	260	282	442	454

Alle hier gezeigten Schlafzimmer erfüllen ein und denselben Zweck: Man soll sich dort vor allem entspannen können. Erreicht wird das allerdings mit völlig unterschiedlichen Mitteln. Dem Pariser Stadtapartment *(oben links)* verleihen freigelegte alte Holzbalken eine gemütliche Atmosphäre. Im Schlafzimmer eines alten Hauses in Neapel *(oben rechts)* zieren zwar ebenfalls Balken die Decke, Flair erhält der Raum aber vor allem durch die originellen Objekte. Auf einem dreibeinigen Hocker in der Ecke steht ein kleiner Votivschrein. Die Wand schmückt ein Engelskopf aus Pappmaschee, der in ein abstraktes Metallobjekt integriert wurde. Das schwedische Schlafzimmer wiederum *(unten links)* ist ein Musterbeispiel für den Neoklassizismus Skandinaviens, gehalten in blassen Blau- und Gelbschattierungen. Im Schlafzimmer eines Hauses in der Provence *(unten rechts)* sind Kopf- und Fußteil des Bettes in den traditionellen Farben und Mustern der Region gehalten. Das warme Gelb und das Blumendekor sind typisch für Südfrankreich und schmücken dort auch häufig Geschirr und Stoffe.

SIEHE AUCH

SCHLAFZIMMER	98 192 214 239 243
DACHZIMMER	124 133 239 243 311 313
HOLZBALKEN	101 124 142 149 243
SCHWEDISCHE SCHLAFZ.	214 215
SCHUBLADENKOMMODEN	162 193 271 358 361
GROSSE SPIEGEL	114 302

Diese beiden Wohnräume in einem Haus im südwestfranzösischen Département Lot haben etwas sehr Einladendes. Sie wirken warm und freundlich und vor allem bewohnt. Der Kamin ist ein zentraler Mittelpunkt, um den die Bewohner Bilder und diverse Lieblingsgegenstände arrangiert haben. Neben der Kunst setzen bunte Teppiche und Polster kräftige farbige Akzente in den sanft getönten Räumen.

SIEHE AUCH
OFFENE KAMINE 182 234 255 265 338 340

Bei diesen beiden Zimmern kreist ebenfalls alles um den Kamin. Kunstobjekte und Gemälde wurden ganz bewusst über und neben der Feuerstelle platziert. Die erzielte Wirkung ist dabei völlig unterschiedlich. Eine unverputzte Ziegelwand und Holz mit Patina verleihen dem Stadthaus in New York *(oben)* fast schon ein ländliches Flair, das durch das rustikale Mobiliar sowie die naiven Bilder noch verstärkt wird. In dem Ferienhaus auf der Île de Ré *(unten)* wurden Bücher, Schiffsmodelle und Gemälde um den Kamin arrangiert. Die Wand spiegelt die Hobbys und Interessen der Eigentümer wider.

SIEHE AUCH

ZIEGELWÄNDE	38 122 246
LANDHAUSMÖBEL	224 234 338
FERIENHÄUSER	38 95 118 123 136
SAMMLUNGEN	253 268 298 302 307 321 357 359 361 362
ERSKULPTUREN/-BILDER	212 247 271 285 322

Kräftige Erdfarben sind typisch für die Provence. Sie zieren Stoffe und Geschirr und schmücken sogar die Wände dieses traditionellen Hauses *(beide Seiten)*. Da die warmen Gelbtöne wunderbar mit der Keramik aus der Region harmonieren, überrascht es kaum, dass die schlichte, rustikale Küche ebenfalls in dieser Farbe gehalten ist. Das intensive ockerhaltige Rot, in dem das Esszimmer erstrahlt, wird in der Provence sowohl für die Gestaltung von Innenräumen als auch von Fassaden verwendet. Vor einem solchen kräftigen Hintergrund kommt das an Cézanne erinnernde Stillleben auf dem Tisch besonders gut zur Geltung.

SIEHE AUCH

RUSTIKAL	132	138	275	279	
USER IN DER PROVENCE	111	119	123	124	129
LANDHAUSKÜCHEN	198	224	292	362	419
LATERNEN	198	370	378	392	398

Ein Sammelsurium von ungewöhnlichen Dingen kann jeden Raum beleben und schafft eine ungezwungene, kreativ-charmante Atmosphäre. In seinem Haus etwas außerhalb von Paris hat ein Maler und Stylist seine Lieblingsobjekte, Bilder und Zeichenutensilien so angeordnet, dass sie hervorragend zu der Mischung aus antikem und modernem Mobiliar passen (*oben links*).

Andere Objekte wiederum werden vor allem deshalb zum Blickfang, weil sie scheinbar nichts in einem Wohnraum verloren haben und aus einem anderen Kontext stammen – wie diese grob behauenen Holzblöcke, die sich nicht etwa draußen im Garten oder auf der Terrasse, sondern in der kreativen Sitzecke in einem belgischen Modeatelier wiederfinden (*oben rechts*).

Ein sehr charmantes Sammelsurium verleiht dieser belgischen Wohnung im Herzen von Brüssel das gewisse Etwas *(oben links)*. Bücher liegen auf dem Boden und eine Sammlung von alten Schneiderpuppen sorgt für ein beinahe surreales Flair.

Strenger und ordentlicher wirkt da schon der Essplatz im Atelier eines Bildhauers in Stockholm. Doch auch hier sind es die scheinbar willkürlich arrangierten Objekte und Kunstwerke, die dem Raum ein unverwechselbares Gesicht geben *(oben rechts)*.

Schlaf- und Arbeitszimmer können eine Menge über ihre Bewohner verraten. Hier finden sich häufig lieb gewordene Erinnerungsstücke, die ihren ursprünglichen Zweck schon lange nicht mehr erfüllen, altes Spielzeug oder schräge Sachen vom Trödel. Dieses Schlafzimmer in einem Pariser Apartment hat ein so lebendiges Flair und eine so dichte Atmosphäre, als hätte sein Bewohner den Raum eben erst verlassen.

Bei der Gestaltung des eigenen Arbeitszimmers kann man seinen persönlichen Vorlieben und dem Hang zu gewagten Kombinationen eher freien Lauf lassen als bei der Einrichtung von gemeinsamen Wohnräumen. Diesem stillen Refugium in Santiago de Chile ist deutlich anzusehen, dass sein Bewohner ein echter Pferdenarr ist.

NOSTALGISCH

So wohnt man im Norden Pennsylvanias: Diese behutsam restaurierte Hütte am Delaware River ist das Wochenendhaus eines New Yorker Künstlerehepaars und gehört zu einem Areal mit mehreren Farmgebäuden. Die jetzigen Eigentümer des großen Hofes haben bewusst auf tief gehende Renovierungs- und andere Verschönerungsmaßnahmen verzichtet – sie wollen so leben wie die Farmer vor hundert Jahren.

Irgendwann wird wohl alles wieder modern – was einst auf dem Sperrmüll landete ist zwanzig Jahre später angesagter Retro-Style. Die hier gezeigten Räume sind bewusst nostalgisch gehalten. Plastik ist verpönt, traditionelle Schlichtheit und natürliche Materialien stehen im Vordergrund. Im Tenement Museum in der Lower Eastside von New York kann man diesen Stil im Original sehen: und zwar in einigen rekonstruierten Mietwohnungen aus der Zeit von 1850 bis zum Zweiten Weltkrieg *(linke Seite und unten links)*. In den Räumen spiegeln sich die Lebensverhältnisse der Immigranten wider, die gerade während dieser hundert Jahre in Strömen in die amerikanische Metropole drängten und dort ihren Traum von einem besseren Leben verwirklichen wollten.
Die anderen abgebildeten Küchen werden dagegen noch genutzt. Sie befinden sich in London *(oben links)*, der Toskana *(oben rechts)* und Paris *(unten rechts)* und sind mit Möbeln und Gegenständen aus längst vergangenen Zeiten eingerichtet. Was früher einmal schlicht, ja beinahe ärmlich war, ist heute chic.

SIEHE AUCH

KÜCHENREGALE	109 138 171 218 222 238 363
...ERIKANISCHE KÜCHEN	199 224 363
HERDE	224 228 234 238 292 309
...SCH- UND SPÜLBECKEN	102 105 106 224 288 290 363
BENTWOOD-MÖBEL	136 141 176 329
WÄNDE MIT PATINA	276 281 286 293 410

Die Bewohner so manchen Altbaus finden Räume mit Patina wesentlich authentischer als eine perfekt renovierte Wohnung. Dieses Zimmer in einem Haus in Belgien wirkt, als sei der Einrichtungsprozess noch nicht ganz abgeschlossen. Die wenigen Objekte und Möbel scheinen nur vorläufig platziert und lassen dadurch die unebenen und fleckigen Wände zur eigentlichen Attraktion des Raums werden.

Den Nonnen des Dominikanerordens, die das Kloster Santa Catalina in Oaxaca, Mexiko, gründeten, war „Shabby Chic" mit Sicherheit noch kein Begriff. Unbehandelte Wände, Steinboden und die vormals recht spartanische Inneneinrichtung entsprangen eher religiösen Überzeugungen. Heute besticht das Kloster, das mittlerweile ein Hotel beherbergt, durch seine reich verzierten Holzmöbel im iberischen Stil, die vor den rauen Wänden besonders gut zur Geltung kommen.

Die Faszination, die von alten, unbehandelten Wänden und ihrer zufälligen Musterung und Struktur ausgeht, hat zu einem ganz neuen Designstil geführt. Ebenmäßige und einfarbig gestrichene Wände sind kein Muss mehr – im Gegenteil. Mit Hilfe der Wickel-, Schwamm- und Abklatschtechnik lässt sich eine Vielzahl ansprechender Farbeffekte erreichen. Dennoch ist es gar nicht so leicht, Wände wirklich überzeugend auf alt zu trimmen. Diese Räume in Frankreich *(oben links)* und Belgien *(oben rechts)* verdanken ihre faszinierende Patina tatsächlich ihrem stattlichen Alter – die Bewohner haben den ursprünglichen Zustand erhalten.

Was für die Wandgestaltung gilt, das lässt sich auch auf Möbel übertragen: Nicht alles muss makellos sein. Die Stühle und der Tisch im Esszimmer eines Hauses im Bois de Boulogne *(oben links)* würden viel von ihrem Charme verlieren, wenn man sie abschleifen oder neu lackieren würde. Auch dieser grobe, rustikale Tisch in einer Pariser Küche *(oben rechts)* muss nicht unbedingt mit Wachs eingelassen oder gestrichen werden.

Auch in diesem bemerkenswerten Haus aus dem 19. Jahrhundert, das im Südwesten von Frankreich liegt *(beide Seiten)*, wurde nur das Nötigste renoviert. Alle Oberflächen, egal ob Wände, Böden oder Decken, wurden im Originalzustand belassen. Die geschwungenen Stilmöbel harmonieren sehr gut mit den eher düsteren Farben des unbehandelten Putzes und der Bodendielen. Auch der eingebaute Kamin *(unten rechts)* kommt durch die sparsame Möblierung wunderbar zur Geltung.

SIEHE AUCH

HALLEN	325 327 335 355
TREPPENHÄUSER	97 232 234 254 314 322 326 328 330 332
UNBEHANDELTE BÖDEN	125 230 235 239 299
WÄNDE MIT PATINA	274 276 286 293 4 0

Dieses anmutige provenzalische Haus aus dem 17. Jahrhundert wurde in einem bunten Stilmix eingerichtet: Was immer seinen Bewohnern gefällt, wurde auf eine gelungene und höchst originelle Weise kombiniert. Auch das obige Schlafzimmer, das durch den ungewöhnlich drapierten Baldachin sowie durch die gewagt kombinierten Teppiche besticht, macht da keine Ausnahme. Stoffbahnen über einem der Betten sind auch im Schlafraum dieses so ursprünglich wie möglich gehaltenen Hauses im Südwesten Frankreichs *(rechte Seite, s. auch S. 280–281)* eindeutiger Blickfang – nichts kann den Betrachter ablenken.

In diesem Steinhaus in Connemara am äußersten Ende Europas, das die ungebändigte Schönheit der irischen Küste widerzuspiegeln scheint, wurde bewusst auf modernes Mobiliar verzichtet. Vor der markanten Struktur der unbehandelten Wände heben sich die liebevoll zusammengestellten Möbel ab, an denen die Zeit ebenfalls nicht spurlos vorübergegangen ist. Wo die Originaleinrichtung nicht mehr vorhanden war oder zusätzliches Mobiliar benötigt wurde, ließ man Zeitgenössisches aus Abbruchhäusern ausbauen – alte Türen ebenso wie den gusseisernen Kamin im Esszimmer *(oben)* und die Badezimmereinrichtung *(unten)*. Der Hängeschrank über der Badewanne war übrigens ursprünglich ein viktorianischer Kaminaufsatz, Türen und Spiegel machen ihn heute zum idealen Wandschränkchen. In diesem Bad lässt sich noch eine Menge mehr entdecken: ein Sammelsurium an Möbeln aus verschiedenen Epochen, darunter ein Lloyd-Loom-Tisch, die vor den rauen Wänden äußerst wirkungsvoll platziert wurden.

SIEHE AUCH

HÄUSER IN IRLAND	221 330 336 341 456
ÖFEN	234 240 272 317 326
BADEZIMMER	98 102 103 104 105 106 107 153 174 175 176 178 179 180 181 182 183 184 185 186 187 189 191 192 193 194 195 196 197
STEINWÄNDE	119 133 289

Das Esszimmer dieses Hauses im Südwesten von Frankreich *(s. auch S. 280–281, 283)* führt den rustikalen Stil der anderen Räume weiter. Das dekorative Mobiliar steht dabei in einem reizvollen Kontrast zu den schlichten, unbehandelten Wänden *(oben)* und dem Originalkopfsteinboden.

Auch bei diesem Pariser Apartment *(unten)* fallen die rauen Wände mit ihren willkürlichen Mustern sofort auf. Die Einrichtung ist bunt zusammengewürfelt, besteht aber eher aus relativ konventionellen Elementen: ein großer Spiegel über dem Kamin, Lampen und Nippes auf dem Sims; es sind vor allem der abblätternde Putz und die geschwungenen Louis-seize-Sessel in Kombination mit einem Klapptisch, die für eine sehr eigenwillige Note sorgen.

In diesem Haus in der Provence, erbaut im 17. Jahrhundert, scheint die Zeit stehen geblieben zu sein *(s. auch S. 205)*. Das Anwesen, das einst Sitz einer traditionsreichen Familie von Juristen war, gehört heute einem Floristen aus Paris, der den einzigartigen Charme des Gebäudes so weit wie möglich erhalten wollte. Im Erdgeschoss befindet sich der Grand Salon *(rechts)*, dessen Wände früher holzvertäfelt und mit Spiegeln geschmückt waren. Wann diese Elemente entfernt wurden, ist nicht bekannt – die Spuren allerdings sind deutlich sichtbar und schaffen ein außergewöhnliches Flair: Struktur, Farbe und Licht wirken in diesem individuellen Esszimmer, das vor allem für die Sommermonate geeignet ist, auf eine einzigartige Weise zusammen. Im Winter lässt sich der Raum wegen seiner Nähe zum Garten problemlos in eine Orangerie verwandeln, in der Kübelpflanzen vor dem Frost geschützt untergebracht werden können.

Im provenzalischen Roussillon dominiert die Farbe Rotbraun: Jede Innenwand, jede Natursteinfassade erstrahlt in den Farben der Ockerfelsen, auf denen der Ort errichtet wurde. Die Felsen inspirierten die Römer auch dazu, die Gegend *Viscus russulus* („roter Hügel") zu nennen. Bei diesem Esszimmer *(oben links)* in einem der Häuser des Dorfes ist die Farbe Rotbraun nicht zu übersehen. Die Gelb- und Blautöne der Keramik auf dem Beistelltisch sind ebenfalls typisch für die Provence und setzen schöne Akzente.

Raue, unbehandelte Oberflächen und eher schlicht gehaltene Inneneinrichtungen wirken in warmen Regionen viel schöner als in Ländern mit kaltem, feuchtem Klima. Ein Grund für das etwas einfachere Ambiente mag sein, dass das Leben im Süden überwiegend im Freien stattfindet. In diesem im Hinterland von Mallorca gelegenen Bauernhaus, weit abseits von den Touristenmassen an den überfüllten Stränden der Mittelmeerinsel, wurde dieses Prinzip konsequent angewandt. Das Bad *(unten links und rechte Seite)* wirkt mit seinen dicken Mauern und der sehr spartanischen Ausstattung sehr rustikal – ein Effekt, der durch die kleinen, in die Mauern eingelassenen und leicht milchigen Fenster, die das grelle Sonnenlicht filtern, noch verstärkt wird.

SIEHE AUCH	
WASCH- UND SPÜLBECKEN	102 105 106 224 275 290 363
TERRAKOTTAWÄNDE	107 128 145 286
OVALE TISCHE	109 220 258
STEINWÄNDE	119 133 284

In dieser Küche eines Hauses in der Provence *(oben)* hat man die symmetrisch angeordneten einfachen Regale sehr dekorativ mit Weidenruten umrahmt und dadurch einen dunklen Blickfang in der hellen Küche geschaffen. Das schlichte Mobiliar wurde aus groben Holzplanken zusammengezimmert, auf denen sich die attraktiven Keramikobjekte und Flaschen, die allesamt von Märkten aus der Region stammen, gut präsentieren lassen.

Die Küchenvitrinen dieses Pariser Apartments *(unten)* wirken da schon wesentlich eleganter: Das Geschirr wird darin ausgestellt wie im Museum. Mit einfachen Ideen und Mitteln kann man auch in Nutzräumen wunderbare Effekte erzielen.

SIEHE AUCH

KÜCHENSTILLLEBEN 138 141 220 224 238 360 362 419 438

VITRINEN 158 321 358 360

BEMALTES HOLZ 224 232 279 304 351

Obwohl die Krüge, Küchengeräte und Körbe dieses Arrangements völlig unterschiedliche Farben und Funktionen haben, ist es den Eigentümern dieser Küche eines Hauses in Frankreich gelungen, eine äußerst harmonische Gesamtwirkung zu erzielen. Im obersten Regal zieht die dekorative Keramik mit ihrem farbenfrohen Dekor und dem originellen Formenrepertoire alle Blicke auf sich. Aber auch eher funktionale Gegenstände wie ein kleines Weinregal, verschiedene Körbe oder eine Küchenwaage fügen sich perfekt in das Stillleben ein.

SIEHE AUCH

KÖRBE 150 424 426 430 432 434 443

DEKO-TÖPFERWARE 139 361 363

KÜCHENBELEUCHTUNG 109 308 311 362

Wie man an den Wandnischen und alten Schränken erkennen kann, ist in dieser geschmackvoll eingerichteten Küche *(oben links)* noch einiges von der ursprünglichen Ausstattung erhalten geblieben. Hier lässt es sich nicht nur herrlich ausgedehnt frühstücken, sondern auch gemütlich zu Abend essen.

Wesentlich rustikaler gehalten ist dagegen diese Küche in einem alten Bauernhaus in den Cevennen, die gleichzeitig als Esszimmer dient *(oben rechts)*. Die Mitte des Raumes dominiert der Tisch, etwas abseits hängen Töpfe und Pfannen an ihrem festen Platz – genau wie es sich für eine richtige Wohnküche gehört.

Ganz andere Dimensionen haben diese restaurierten Küchen – eine befindet sich im Château de Cormatin im Burgund *(oben links)*, die andere in der Sommerresidenz der Familie Chigi unweit von Rom. Die burgundische Küche verfügt sogar noch über die Originalausstattung, zu der der Feuerbock vor dem offenen Kamin ebenso gehört wie die schweren eisernen Haken für Töpfe und Kessel, *crémaillères* genannt. Und auch wenn man kein Schloss besitzt, können solche Räume durchaus inspirieren. Zumindest aber sind sie schön anzusehen.

POSTMODERN

Klarheit in jeder Hinsicht lautet das Gestaltungsprinzip dieses New Yorker Apartments. Das gebrochene Weiß der Wände und Decken sowie der Parkettboden verstärken das Tageslicht und machen den Raum freundlicher. Das Zimmer an sich ist alles andere als überladen: Die wenigen Möbel, die sich darin befinden, sind Teil eines harmonischen klassizistisch wirkenden Arrangements. Dieser Eindruck wird durch die beiden Säulen links im Bild noch verstärkt, auch wenn sie – ganz unklassizistisch – keine Kanneluren haben und die großen Bilder mit farbigen Sonnenblumen nicht gerahmt sind.

Die Objekte in diesem Haus unweit des idyllischen Dorfs Les-Beaux-de-Provence sind von unterschiedlicher Herkunft, einige richtig exotisch. Dennoch ergibt die Zusammenstellung ein harmonisches Ganzes. Ein prächtiger afrikanischer Schild über dem Kamin und ein dunkler gschnitzter Schemel zwischen den hellen Sesseln setzen Akzente in einem Raum, der so geschnitten ist, dass auch die Treppe nicht stört, sondern selbst zum reizvollen Hingucker wird.

Unkomplizierter als in dieser Pariser Künstlerwohnung kann man Möbel nicht arrangieren: Der Tisch steht in der Mitte des Raumes, ein Sofa und bequeme Sessel säumen die Wände und über dem Kamin hängt ein großer, klassischer Spiegel. Dennoch wirkt der Raum alles andere als langweilig: Bilder sowie die auf einigen Möbeln angebrachten Zahlen setzen individuelle Akzente. Auch die abgenutzten Bezüge von Couch und Sesseln mit ihrer reizvollen Patina sind bemerkenswert.

In diesem Wohnzimmer eines Pariser Stadthauses findet man das gesamte französische Stilrepertoire: Ein herrlicher Louis-quinze-Sessel wurde mit vergleichsweise schlichtem Mobiliar kombiniert. Das interessant geformte Sofa sowie die Duchesse laden zum bequemen Sitzen ein. Lose Stoffüberwürfe, hölzerne Küchenhocker und andere wie zufällig angeordnete Objekte sorgen für eine ungezwungene Atmosphäre.

Obwohl sich dieses schön geschnittene Wohnzimmer in einem Haus in den Cevennen befindet, wirkt es durch die einfühlsame Kombination verschiedenster Einrichtungselemente kein bisschen rustikal. Die fünf neoklassizistischen Louis-seize-Armlehnstühle, *bergères* genannt, geben zwar den Ton an, wurden aber so arrangiert, dass sie die Aufmerksamkeit auf den imposanten Kamin lenken. Klassische Vasen und zwei Stuckmedaillons vervollständigen die geschmackvolle Einrichtung.

Das, was ein gelungenes Stillleben ausmacht, nämlich die Kombination von unterschiedlichsten Objekten, wurde hier zum alles beherrschenden Stilprinzip erhoben. Der Raum, der zum Brüsseler Apartment eines Filmausstatters gehört, wirkt wie eine surrealistische Szene, in der sich extreme Gegensätze zu einem harmonischen Gesamtbild vereinen: Ein rustikaler Holztisch mit einer schlichten Glasvase wurde neben Stilmöbeln aus verschiedenen Epochen arrangiert.

Indem man die Bausubstanz eines Hauses oder einer Wohnung sichtbar macht, kann man wunderbare Effekte erzielen: Naturbelassene Strukturen und auf Hochglanz polierte Oberflächen bilden reizvolle Gegensätze. Die freigelegten alten Deckenbalken in diesem Pariser Apartment *(oben links)* bilden ein eindrucksvolles Gegengewicht zu den formal um einen runden Tisch arrangierten Stilmöbeln.

Runde Tische sind aufgrund ihrer Form flexibel einsetzbar. Man kann nicht nur sehr gemütlich und auch in größerer Runde daran sitzen, wie etwa in diesem Esszimmer in New York *(unten links)*, das Möbelstück wirkt auch in der Mitte eines Flurs. Wenn es dann noch, wie in diesem Privathaus in Paris *(rechte Seite)*, von oben beleuchtet wird, lassen sich vor allem kleinere Deko-Objekte äußerst wirkungsvoll in Szene setzen.

SIEHE AUCH
KORBSESSEL 143 148 159 165
BÖDEN MIT KAROMUSTER 222 378 382 397 418
RUNDE TISCHE 136 141 145 304 415

Beide Räume auf dieser Seite zeugen, auch wenn sie sich stark voneinander unterscheiden, vom guten Geschmack ihrer Bewohner. Eines haben sie jedoch gemeinsam: Das monochrome Farbschema wirkt als verbindendes Element. Das freundliche, luftige Wohnzimmer in einem Haus in Saint-Rémy-de-Provence *(oben)* besticht – neben dem Schnitt des Raumes – vor allem durch die wenigen, ausgesuchten Stücke, die sorgfältig um den hellen Couchtisch gruppiert wurden.

Bei der Fülle von Objekten und Möbeln in diesem Pariser Salon *(unten)* gibt es einiges zu entdecken. Charakteristisch ist aber auch hier das streng symmetrische Arrangement. Die meisten der Skulpturen, Stiche, Gemälde und Möbel wirken eher zierlich, mit Ausnahme des Arbeitstisches aus Holz und Gusseisen. Das Sofa ist ein geschickt dekoriertes Feldbett. Zwei hohe, schmale Spiegel in Bleirahmen lassen den Raum größer wirken.

SIEHE AUCH

STOFFÜBERWÜRFE	38 113 179 183 190 260 297 307 313
LOUIS-SEIZE-MÖBEL	251 285 298 339
UNGEWÖHNLICHE SOFAS	49 298 345 347
GROSSE SPIEGEL	114 263
VIGNETTEN	258 308 332 360

Auf das richtige Maß kommt es an, wird sich auch der Pariser Modedesigner gedacht haben, dem dieses Apartment gehört *(oben und unten)*. Es ist weder überladen, noch kahl, vermittelt Gemütlichkeit und durch die bewusst platzierten klassischen Möbel und Wohnobjekte zugleich Eleganz. Die großen Fenster und der Spiegel über dem Kamin machen den Raum weit und luftig. Großzügig bemessene Vorhangbahnen und ein Anstrich in freundlichen hellen Tönen, sorgen darüber hinaus dafür, dass das dunkle Fischgrätparkett nicht zu viel Licht schluckt.

Folgende Seiten
Die Einrichtung des Salons im Château d'Outrelaise in der Normandie wirkt bunt zusammengewürfelt und hat dabei doch System. Die Möbel stammen aus verschiedenen Stilepochen – eine gelungene Mischung, die Louis-quinze, Louis-seize, den Zweiten Empire im Stil von Louis-treize mit den charakteristisch geschwungenen Beinen und Lehnen, aber auch Möbel aus dem 19. Jahrhundert wie die beiden Ohrensessel sowie kleinere Gegenstände aus unterschiedlichen Epochen in sich vereint. Den Boden schmücken große Kelims aus Anatolien. Durch die Kombination von Dingen, die streng genommen gar nicht zusammenpassen, erhält der Raum ein beinahe modernes Gesicht – ein Effekt, der sich durch den Anstrich und die Gliederung der Wandvertäfelung durch vertikale und horizontale Leisten noch verstärkt.

SIEHE AUCH					
ARBEITSZIMMER	204	256	258	271	331
SPIEGEL	259	263	285	296	299
LAMPEN	134	247	260	364	
DRAPIERTE STOFFE	17	79	312	336	337

Michel-Ange

Der großzügige Schnitt dieses Versailler Wohnraums im ersten Stock eines Hauses aus dem 17. Jahrhundert wird durch die sorgfältige Auswahl der Möbel und die zurückhaltende Dekoration zusätzlich betont. Vor der fast monochromen Wandgestaltung kommen die einzelnen Objekte besonders gut zur Geltung. Bei den liebevoll zusammengestellten Deko-Elementen spielt der Bewohner, ein Innenarchitekt von internationalem Rang, bewusst mit gröberen Strukturen und gezielten Effekten. So hat das sorgsam aufgeschichtete Kaminholz hier nicht nur eine praktische Funktion, sondern wurde als Blickfang in einer Nische arrangiert, in der früher ein großer Kachelofen stand.

Kühle, zarte Farben dominieren dieses Esszimmer in einem Haus auf Korsika. Nichts ist hart oder grell, selbst die kantigen Rückenlehnen der Esszimmerstühle verstecken sich unter gelb gepaspelten Leinenhussen. Vor diesem Hintergrund kommt die Schmetterlingssammlung der Eigentümerin, einer Innenarchitektin, hervorragend zur Geltung.

BRÜSSEL

PARIS

PARIS

PARIS

PARIS

PARIS

Der Wunsch nach einer geschmackvollen Einrichtung, wie sie gerade auf den vorhergehenden Seiten gezeigt wurde, macht natürlich auch vor den eher privateren Bereichen eines Hauses nicht Halt. Eine Ecke im Schlafzimmer, Küchen, kleine Flure *(linke Seite)* – sie alle können zum reizvollen Blickfang werden, insbesondere wenn es viele kleine Gegenstände in Szene zu setzen gilt. Diese müssen weder besonders kostbar sein, noch auf den ersten Blick dekorativ. Der hier gezeigte Ausschnitt einer Küche in einem alten Bauernhaus in den Cevennen *(rechts)* wirkt wie ein Stilleben – und das trotz der neapolitanischen Espressokanne, des Sammelsuriums an Töpfen und der beiden Gaskartuschen! Vor dem einfarbigen Anstrich und der rohen Wand auf der linken Seite des Raums kommen die Arrangements noch besser zur Geltung als in einem konsequent durchgestylten Ambiente.

SIEHE AUCH

MODERNE KÜCHEN	109	111	120	311	316	
OFFENE STAURÄUME	109	110	138	139	320	
HERDE	224	228	234	238	275	292
CEVENNE-KÜCHEN	292					
ONOCHROMES DESIGN	38	44	95	126	328	
AURÄUME IM SCHLAFZ.	262	270				
METALLSTÜHLE	111	130	331	406		
ÜCHENBELEUCHTUNG	109	291	311	362		

Möbel und Kunstgegenstände müssen nicht zwangsläufig derselben Stilrichtung angehören, um einen harmonischen Gesamteindruck zu erzeugen. Auch dieses Atelier eines belgischen Malers wimmelt nur so von unterschiedlichen Elementen: mit einfachen Stoffbahnen verhüllte Sofas, Lloyd-Loom-Sessel, Bücher, Gemälde und Gipsbüsten *(oben)*. Trotzdem wirkt der Raum in keiner Weise unordentlich oder gar chaotisch, was sicherlich auch an seinen beinahe Loft-artigen Ausmaßen liegt.

In diesem New Yorker Loft *(unten)* wirken die großen Gemälde, der Rokokospiegel, der rustikale Sessel, die Esszimmerstühle und die verschiedenen Tische in Kombination mit der Industriearchitektur des Raumes schon fast wie eine Kunstinstallation.

SIEHE AUCH

BÜCHERREGALE	99 201 202 204 246 248 249 252 316
UMBAUTEN	88 108 142 268 313 316
LEHNSTÜHLE, HOLZ	78 128 134 158 456
METALLSÄULEN	108 110 130 328 331

Die Eigentümerin dieser Mailänder Wohnung *(oben)* hat mit einem großen Zapfen aus Terrakotta einen besonders dramatischen Blickfang in der Mitte dieses Dachzimmers geschaffen. Neben diesem Objekt, das sich schon zu Zeiten Ludwig XVI. größter Beliebtheit erfreute, ist im Hintergrund eine weitere Attraktion sichtbar: ein Kamin, geschmückt mit brennenden Kerzen, der die Längsachse, an der die Möbel ausgerichtet wurden, zusätzlich betont. Die Wandfarbe sowie die graublauen marokkanischen Fliesen sorgen für angenehm gedämpftes Licht.

Auch in der Küche lohnt es sich, die verschiedenen Elemente – Einbauschränke ebenso wie andere Möbel – bewusst aufeinander abzustimmen. In diesem Pariser Apartment *(unten)* lädt der in Distanz zur eher funktionalen Küchenzeile platzierte Tisch zum Essen, Sitzen und Arbeiten ein. Die komplexe Konstruktion des Raumes, die durch Rohre und Säulen gekennzeichnet ist, wird durch den weißen Anstrich etwas zurückgenommen.

SIEHE AUCH

MODERNE KÜCHEN	109 111 120 309 315
KOCH-/ESSZIMMER	140 198 292
LOFTS	99 142 314 316
ARTMENTS IN MAILAND	332
DACHZIMMER	124 133 239 243 263 313

„Die Schöne und das Biest“ scheinen in diesem Schlafraum eines Bauernhauses in den Cevennen *(linke Seite)* aufeinander zu treffen: Ein elegantes, feminines Bett steht in Opposition zu einem wuchtigen dunklen Ofen, dazwischen erstreckt sich weitläufig ein Fliesenboden. Weil sowohl Bett als auch Ofen die Vertikale betonen, entsteht dennoch ein ausgewogener Gesamteindruck.

Je überfüllter und beengter moderne Großstädte werden, desto größer ist unsere Sehnsucht nach einer hellen, geräumigen Wohnung. Dieses Bedürfnis nach Raum und Licht hat sogar einen ganz neuen Lebensstil hervorgebracht. Leer stehende Industrieanlagen oder andere Räume, die ursprünglich gar nicht als Wohnflächen gedacht waren, werden neu umgestaltet. So baute ein Ehepaar aus New York diese verlassene alte Ziegelfabrik in Woods, New Jersey, *(oben und unten rechts)* um. Die charakteristischen Merkmale des Gebäudes wie die riesige Fensterfront und die unverputzten Ziegelwände geben einen wunderbaren Hintergrund für den individuellen Stilmix an Möbeln ab.

SIEHE AUCH

STOFFÜBERWÜRFE	38 113 179 183 190 260 297 302 307
MÖBEL DES 20. JH.	90 96 110 300 314 316
DERNE SCHLAFZIMMER	98 100 101 125 133
LEDERMÖBEL	235 248 256 264 314
DRAPIERTE STOFFE	17 79 303 336 337
ÖFEN	235 240 273 284 317 326 342
AFRIKANISCHE MÖBEL	101 295 317 351

NEW YORK

NEW YORK

Auf die Details kommt es an! Das gilt nicht nur für die Entwicklung eines schlüssigen Gesamtkonzepts, sondern auch für das Kreieren ansprechender Stillleben in ansonsten unscheinbaren Ecken oder Fluren. Bei den hier abgebildeten Beispielen haben sich die Eigentümer durch Umbauten zu einer Vielzahl kreativer Lösungen inspirieren lassen. Die Fotos zeigen, wie man in dafür denkbar ungeeigneten Räumen durch einen Treffpunkt hier, eine Leseecke da und geschickt platzierte Stühle und Sofas ein gemütliches Ambiente schaffen kann.

NEW YORK

ARGENTEUIL

SIEHE AUCH

LOFTS	99	142	310	311	316
LEDERMÖBEL	235	248	256	264	313
ARBEITSZIMMER	81	132	206	456	457
DURCHGANGSRÄUME	131	132	332	336	
MODERNE BÄDER	102	104	106		
LIEGEN	90	384	404		

Je weniger konventionell man einzelne Möbelstücke einsetzt, desto mehr erinnert die Einrichtung an eine Kunstinstallation. Der ganze Stolz der Loft-Besitzer dieses umgebauten Lok-Schuppens in Argenteuil ist ein alter Zahnarztstuhl, der als Fernsehmöbel zweckentfremdet wurde. Die Einrichtung geht weit über das hinaus, was man einst als Hightech bezeichnet hat: Die Funktion der einzelnen Möbel wird bewusst infrage gestellt, genauso wie unsere Vorstellung davon, wie ein Zuhause auszusehen hat.

SIEHE AUCH

RECYCELTE MÖBEL 105 111 141 257

DUSTRIEBELEUCHTUNG 93 308 313 316

Wie sehr es aufs Detail ankommt, kann man auch in den hier gezeigten Lofts in Argenteuil sehen, die allesamt von Künstlern bewohnt werden *(links)*. Ein niedriger dunkler Tisch wurde parallel zur Fensterfront des Wohnbereichs ausgerichtet; die Anordnung der über der Küchenarbeitsplatte aufgehängten Töpfe und Pfannen hat System, die Arbeitsecke und das Fotostudio sind funktional und dekorativ zugleich.

Ein anderer Wohnbereich des Lofts in Argenteuil *(rechte Seite; s. auch S. 315)* hat ebenfalls Installationscharakter, auch wenn der schlichte afrikanische Stuhl das Prinzip kühler Strenge etwas zurücknimmt und gleichzeitig das stilübergreifende Dekor im Industrie-, Wohnzimmer- und Ethno-Design unterstreicht.

SIEHE AUCH

MÖBEL DES 20. JH.	90	96	110	300	313	314
BETONBÖDEN	130	226	227	310		
LOFTS	99	142	310	311	314	
WANDUHREN	223	224	308			
AFRIKANISCHE MÖBEL	101	295	313	351		
KOMPAKTKÜCHEN	132	133	139	363		
INDUSTRIEFENSTER	88	92	268	311		
METALLTREPPEN	75	331	332			

WIE WIR LEBEN KAPITEL VIER

DETAILS

DAS GEWISSE ETWAS

DURCHGANGSRÄUME
AKZENTE
STRUKTUR, MUSTER, FARBE
ORNAMENTE UND ARRANGEMENTS

„Der Teufel steckt im Detail" – das gilt beim Thema Inneneinrichtung und Design wohl mehr, als in vielen anderen Bereichen. Denn es sind die Details, die einem Raum erst das gewisse Etwas verleihen, und zwar oftmals gerade solche, denen man zunächst gar keine so große Bedeutung beimessen würde. Es ist nämlich ein Trugschluss zu glauben, man könne die Wirkung eines Raumes steigern, indem man ihn mit möglichst vielen ausgesuchten Objekten und Bildern schmückt, um die vorhandenen Möbel und Wohntextilien besser zur Geltung zu bringen. Zu einer gelungenen Gestaltung gehört viel mehr: Was macht man etwa mit Durchgangsräumen, Treppenhäusern, Fluren oder Zwischengeschossen? Wie dekoriert man Mauerdurchbrüche oder Türöffnungen? Wie kann man vorhandene Architekturelemente in ein harmonisches Raumkonzept einbinden? Kamine, Fenster oder Raumbesonderheiten wie Erker, Nischen und Rundbögen bereiten oft Kopfzerbrechen, lassen sich aber mit Hilfe von Farben und Mustern gekonnt in Szene setzen. Das gilt selbstverständlich auch für Wände, Decken und andere größere Farbflächen, die die Atmosphäre eines Raumes entscheidend beeinflussen können.

Steht das Gesamtkonzept, geht es um die wirklichen Details: persönliche Erinnerungsstücke, Sammlerobjekte und andere Dinge, die offen präsentiert oder in Vitrinen zur Schau gestellt werden. Mit ihnen drücken wir unsere Persönlichkeit aus und schaffen uns eine Umgebung, in der wir uns wohl fühlen. Und zwar nicht nur in den Innenräumen – Patio, Terrasse, Veranda und Garten sollten in die individuelle Gestaltung ebenso mit einbezogen werden wie so genannte Problembereiche. Denn gerade das Treppenhaus eignet sich wegen seiner komplexen Form hervorragend zur Präsentation von Deko-Objekten. Ist es groß und hell, kann man hier Gemälde, Wandbehänge und Gobelins großartig in Szene setzen. Sie bilden ein harmonisches Gegengewicht zu den massiven Geländern und Pfosten. Auch wenn heute keine Treppe mehr so aussieht wie das Rokokojuwel im Palazzo Biscari auf Sizilien, sollte man sich über ihre Form und Gestaltung dennoch gründlich Gedanken machen:

PARIS

Viele der hier gezeigten Beispiele sind durch ihre Lackierung, die Form des Geländers oder dessen völliges Fehlen die eigentlichen Hingucker. Das gilt besonders für Treppen, die direkt ins Wohnzimmer führen und so zwangsläufig viele Blicke auf sich ziehen. Ein weiteres Argument für eine sorgfältig durchdachte Präsentation des Treppenhauses sind die zumeist hohen Wände. Sie bieten eine wesentlich größere Ausstellungsfläche als so manches Wohnzimmer. Wie geschickt sich das nutzen lässt, verdeutlichen zahlreiche Bilder in diesem Buch: hier ein besonders großes Bild, da eine Reihe von kleineren Gemälden, dort Jagdtrophäen oder andere dreidimensionale Objekte. Selbst ein enger Treppenaufgang mit niedriger Deckenhöhe und ohne natürliches Licht lässt sich mit Hilfe einer geschickten Ausleuchtung und wenigen Exponaten in einen angenehmen Durchgangsraum verwandeln, der weder düster noch vernachlässigt wirkt.

Neben den Treppen gibt es noch weitere Architekturelemente, die einzelne Räume miteinander verbinden und nicht außer Acht gelassen werden sollten. So eignen sich vor allem Flure und Dielen ganz hervorragend, den Stil einer Einrichtung aufzunehmen und von einem Raum zum nächsten fortzuführen oder um neue, interessante Perspektiven zu eröffnen. Der Blick durch eine Türöffnung oder einen Bogen kann, unterstützt etwa durch ein hübsches Möbelarrangement oder einen attraktiven Wandschmuck, an ein gerahmtes Stillleben erinnern. Die Türen selbst, die für die Wirkung eines Raumes oder einer Fassade äußerst wichtig sind, können mit Schnitzwerk verziert und bemalt werden, um sie entweder dem Gesamtkonzept anzupassen oder einen spannenden Kontrast dazu herzustellen. Je nach persönlichem Gusto können sie aber auch völlig unbehandelt bleiben, damit Holz oder Metall mit der Zeit eine reizvolle Patina annehmen können.

Ähnlich gute Dekorationsmöglichkeiten bieten offene Kamine. Als rein funktionale Heizquelle haben sie zwar mittlerweile fast ausgedient, trotzdem gibt es kaum etwas Faszinierendes und Behaglicheres als ein flackerndes Kaminfeuer – ein besonderer Blickfang, vor den Tisch und Stühle oder auch eine kleine Sitzgruppe dekorativ gruppiert werden können. Darüber hinaus stellt der Kaminsims eine ideale Ausstellungsfläche für verschiedene Deko-Objekte dar: Auf ihm ist Platz für zahlreiche Arrangements, an der Wand können Bilder oder Spiegel eine wunderbare Wirkung

IRLAND

entfalten. In den Nischen neben der Feuerstelle lässt sich ebenfalls allerhand unterbringen; ein Bücherregal zum Beispiel oder eine kleine Kommode. Natürlich gibt es auch in modernen Wohnungen noch weitere Raumbesonderheiten, etwa stille Winkel und Erker, in die man sich gern zurückzieht, oder kleine Nischen und Rundbögen, die förmlich dazu einladen, mit Mustern, Farbe, besonderen Objekten, ausgewählten Möbelstücken und der richtigen Beleuchtung optimal gestaltet zu werden.

Was im Kleinen gilt, gilt auch im Großen. Wandmalereien, Tapeten oder Wandbehänge setzen auch in größeren Wohnbereichen wichtige Akzente. Kleine, bunte Gegenstände wie eine Obstschale aus Papiermaschee, besonders hervorgehobene strukturierte Flächen, etwa mit auffälligen Ethno-Motiven, oder Gemälde in Goldrahmen können einen ansonsten monochromen Raum wesentlich freundlicher und lebendiger wirken lassen.

Originelles Mobiliar, insbesondere, wenn es wuchtig und stark verziert ist, kann ebenfalls für Farbtupfer sorgen. In Skandinavien beispielsweise, wo man einen eher zurückhaltenden Einrichtungs-

PARIS

stil bevorzugt, haben Möbel in leuchtenden Farben und mit ungewöhnlichen Formen eine lange Tradition. Große, mit Schnitzwerk verzierte Schränke sind ebenfalls ein Hingucker, brauchen jedoch ausreichend Platz, um wirklich zur Geltung zu kommen.

Die Lust am Sammeln und Präsentieren ist häufig das Tüpfelchen auf dem i, wenn es darum geht, sich ein schönes Zuhause zu schaffen. Schränke mit Keramikgeschirr, Glasvitrinen, ein Küchenbüffet, das selbst wie ein Stillleben wirkt, eine attraktive Tischdekoration, hübsch gruppierte Stiche, alte Kupferbackformen an der Küchenwand – diese Objekte und Arrangements sind es, die einem Raum erst seinen ganz besonderen Charme verleihen und die unerlässlich sind, wenn es darum geht, ein individuelles Ambiente zu kreieren. Wenn man so will, sind sie die Kuriositätenkabinette unserer Zeit, jene berühmten Sammlungen der gebildeten Stände des 17. und 18. Jahrhunderts, von denen man sich noch heute inspirieren lassen kann. Einige der hier gezeigten Beispiele kann man gut und gerne als legitime Nachfolger dieser liebevoll zusammengestellten Sammlungen bezeichnen, die schon vor 300 Jahren wissbegierige Menschen erfreuten und zum Staunen brachten. Verschiedene Naturalia – Korallen, Muscheln, Mineralien, Edelsteine oder Pflanzen – sowie andere auf Reisen und Märkten erstandene Trophäen wie Antiquitäten, Uhren, Fächer, Schachteln oder sonstige Miniaturen eignen sich besonders gut für solche Arrangements. Obwohl diese Objekte ihre Wirkung vor allem enfalten, wenn sie in einer Gruppe präsentiert werden, kann man sie auch als Einzelstücke auf einem Tisch, einer Fensterbank oder einem Kaminsims zur Schau stellen. Besonders mit Blumen kann man, sofern sie an einem exponierten Platz dekoriert werden, gute Effekte erzielen: Mit ihrer Farbe, Form und Struktur können sie einen Raum beleben, strenges Design und monochrome Gestaltungen auflockern. Kein Wunder also, dass Blumengirlanden, Blütenköpfe und Blattformen so viele Stoffdesigner und Wandmaler inspiriert haben. Schnittblumen in einer schönen Vase, Grünpflanzen und Blumenstöcke in handgearbeiteten Übertöpfen schaffen in jedem Interieur eine freundliche Atmosphäre. Auf dem Balkon, der Terasse oder im Garten vermitteln sie uns das Gefühl, direkt vor der Haustür unser eigenes, kleines Paradies zu haben. Und wenn wir diese pa-

PARIS

radiesische Umgebung verlassen, öffnet sich uns das Tor zu einer Welt voller neuer Möglichkeiten, die jede Menge Inspirationen und kulturelle Besonderheiten für uns bereithält.

NEAPEL

NEAPEL

SIZILIEN

SIZILIEN

MAURITIUS

SALZBURG

DRUCHGANGSRÄUME

Treppenhäuser, Gänge, Zwischengeschosse, Korridore – vergleichsweise unattraktive Durchgangsräume, die bei der Gestaltung Probleme bereiten können. Was Treppen anbelangt, lässt sich aber doch einiges machen: Sind sie breit, geschwungen und monumental, dann eignen sie sich hervorragend für große Inszenierungen *(beide Seiten)*. Hier kann man allerhand zur Schau stellen, zum Beispiel Bilder oder Jagdtrophäen, vorausgesetzt, die mit Schnitzwerk versehenen Pfosten und Geländer sind nicht schon Blickfang genug.

NEAPEL

SIEHE AUCH

TREPPENHÄUSER 97 232 234 254 280 314 326 328 330

PALAZZI IN ITALIEN 44 182 184 186

Eine zierliche, offene Treppe lässt das Innere eines Gebäudes gleich viel großzügiger erscheinen. Die beiden hier gezeigten Beispiele sind besonders gelungen. Das bemalte, schmiedeeiserne Treppengeländer im Musée des Beaux Arts in Saigon lässt das Licht bis ganz nach unten einfallen *(links)*. Und die Treppe im Rokoko-Palazzo Biscari in Catania, Sizilien, die zur Orchestergalerie führt *(rechte Seite)*, macht aus dem schmalen Gang, der den Salone da Ballo, den Tanzsaal, von der Fensterfront trennt, ein architektonisches Juwel. Das Gewölbe schmücken Fresken von Lo Monaco, während die muschelförmigen Stuckarbeiten an der Decke sowie an der Treppe von der französischen Rocaille-Ornamentik beeinflusst sind.

SIEHE AUCH

STUCKATUREN	182 187
VERZIERTE TREPPEN	187 325
HALLEN	281 327 335 355
GELÄNDER	83 98 108 158 328
PALAZZO BISCARI	186

In weniger großzügig geschnittenen Wohnräumen sollte man Treppen, die direkt ins Wohnzimmer führen, mit äußerster Sorgfalt planen, damit sie inmitten einer ansonsten perfekt durchgestalteten Umgebung nicht zum Störfaktor werden. Die beiden hier gezeigten Beispiele im englischen Devon *(oben links)* und im kanadischen Quebec *(oben rechts)*, fügen sich ganz harmonisch in die Räume ein.

Diese beiden Treppen sind architektonisch so interessant, dass sie zum Blickfang werden. Die eine befindet sich in einer mallorquinischen Finca *(oben links)* und wirkt in dem niedrigen Raum beinahe schon wie eine Skulptur. Die andere Treppe in einem alten provenzalischen Haus aus dem 17. Jahrhundert *(oben rechts)* verleiht der schlichten, mit viel Patina versehenen Eingangshalle eine ungewohnte Pracht.

LONDON

BRÜSSEL

PROVENCE

ROM

NEW YORK

LONDON

Allein durch ihre Form können Treppen den Gesamteindruck eines Gebäudes entscheidend beeinflussen *(beide Seiten)*. Gemauerte, gerade Treppen wirken verlässlich und stabil. Gewundene, die erst aus dem Blickfeld verschwinden, dann wieder auftauchen, haben etwas Mysteriöses, ja beinahe Unheimliches. Das nebenstehende Exemplar in Cinecittà, Rom, ist Teil einer Filmkulisse und erinnert an die berühmten *Carceri* (Kerker), die alptraumhaften Architekturvisionen des Renaissance-Künstlers Piranesi *(oben rechts)*.

ROM

NEAPEL

SIEHE AUCH

TREPPENHÄUSER	97	232	234	254	280
	314	322	326	330	332
MONOCHROMES DEKOR	38	44	95	126	308
GELÄNDER	83	98	108	158	324
METALLSÄULEN	108	110	130	310	331
MAURISCHE TISCHE	129				
SPANISCHE WÄNDE	88	339			

TOSKANA

GRENOBLE

PROVENCE

CHILOË

PARIS

NEW YORK

PARIS

IRLAND

PROVENCE

BUDAPEST

NEAPEL

BURGUND

Alle hier gezeigten Treppen *(linke Seite)* wurden dekorativ in Szene gesetzt – egal, ob in einer bescheidenen Wohnung oder einem großen Palazzo. Jede dieser Treppen wird aufgrund ihrer interessanten Form selbst zum Blickfang. Nichtsdestotrotz sind einige der Treppenhäuser mit Gemälden oder dreidimensionale Skulpturen dekoriert.

In eine ganz andere Kategorie gehört diese wuchtige, nachträglich eingefügte Holztreppe, die in das Wohnzimmer eines belgischen Hauses herabführt *(rechts)*. Obwohl sie in den Raum hineinreicht, fügt sie sich harmonisch in das Gesamtkonzept ein und verleiht dem Raum zusätzliche Höhe und Weite.

SIEHE AUCH

TREPPENHÄUSER	97	232	234	254	280
	314	322	326	328	332
HÄUSER IN IRLAND	221	284	336	341	456
BALUSTRADEN	68	148	166	195	203
METALLSTÜHLE	111	130	308	406	
METALLTREPPEN	75	316	332		

Ein hervorragendes Beispiel für die Gestaltung eines Treppenhauses ist diese moderne Metalltreppe in einer ehemaligen Mailänder Käsefabrik. Die großzügigen Proportionen des Treppenhauses, die durch durchsichtige Stufen aus Stahlverstrebungen zusätzlich betont werden, bieten Platz für schöne Möbel, auf denen weitere Objekte präsentiert werden können.

Im Vergleich dazu nehmen sich die Treppen auf der rechten Seite wesentlich schlichter aus, wenngleich es ihnen nicht an Attraktivität fehlt. Das liegt nicht zuletzt daran, dass die eher dunklen, engen Treppenhäuser mit Wandfarbe in helle und freundliche Durchgangsräume verwandelt wurden.

SIEHE AUCH

TREPPENHÄUSER 97 232 234 254 280 314 322 326 328 330
HÄUSER IN DEVON 102 326
DURCHGANGSRÄUME 131 132 314 336
KOPFSTEINPFLASTER 120 327 285 458
METALLTREPPEN 75 316 331

CHILE

PROVENCE

SIZILIEN

PARIS

PARIS

LONDON

DEVON

CHILE

GRENADA

PROVENCE

STOCKHOLM

CHILE

Dass es die Übergänge von einem Wohnbereich zum andern, von Raum zu Raum und von draußen nach drinnen sind, die das Auge fesseln sollten, gerät leider allzu leicht in Vergessenheit. Dabei ist es für ein erfolgreiches Einrichtungskonzept unerlässlich, dass Türen, Bögen oder Mauerdurchbrüche reizvolle Einbeziehungsweise Ausblicke bieten. Diese bewusst unvollendet gelassene Maueröffnung in einem Bauernhaus in den Cevennen gibt den Blick auf einen weiteren Wohnbereich sowie auf ein Fenster nach draußen frei *(oben links)*. In diesem Pariser Apartment kann man durch die geöffnete Tür einen Blick auf den nächsten Raum erhaschen, in dem die kräftigen Farben der Polstermöbel im Vordergrund wieder aufgenommen werden *(oben rechts)*.

Die geöffneten Türen dieser prächtig geschmückten Räume in einem Schloss in Burgund *(oben links)* geben den Blick frei auf eine Reihe aufwändig gestalteter Holzpaneele. Von Türpfosten umrahmt, wirken sie wie Kulissen einer Guckkastenbühne. Bei der Gestaltung dieses Flurs in einem Pariser Apartment *(oben rechts)* standen eindeutig die Farben und Muster von Commedia dell'Arte-Kostümen Pate. Auf diese Weise wird er selbst zum abwechslungsreichen Blickfang.

Folgende Seiten
Einblicke – die hier gezeigten Beispiele aus aller Welt haben eines gemeinsam: Alle Motive eröffnen dem Betrachter verheißungsvolle Einblicke in die dahinter liegenden Räume und Zimmer. Von Türpfosten gerahmt wirken sie wie Vignetten.

IBIZA

ÎLE DE RÉ

PARIS

PROVENCE

PARIS

IRLAND

IRLAND

UMBRIEN

UMBRIEN

IRLAND

UMBRIEN

NEAPEL

VERSAILLES

PARIS

PARIS

PARIS

STOCKHOLM

BUENOS AIRES

PARIS

BALI

GOA

PROVENCE

BRÜSSEL

ROM

BRÜSSEL

WALES

SCHOTTLAND

AKZENTE

Jeder Raum hat ganz bestimmte Eigenschaften, die man bei der Einrichtung berücksichtigen muss. Dazu gehören natürlich die Positionen von Türen und Fenstern, aber auch die der Wärmequellen. Bei den hier gezeigten Beispielen wurde die Raumgestaltung gezielt auf den Kamin abgestimmt. Dieses architektonische Element ist sowohl in kalten als auch warmen Ländern ein beliebter Blickfang.

IRLAND

MAROKKO

KANADA

PARIS

PARIS

PARIS

SIEHE AUCH

HÄUSER IN WALES	80	222	224	234	
OFFENE KAMINE	182	234	255	264	340
SCHAUKELSTÜHLE	159	241	255		
GEMUSTERTE FLIESEN	345	349	445		

In der Regel nutzt man den Kaminsims, um darauf kostbare Objekte zur Schau zu stellen, darüber prangen häufig Kunstwerke oder große Spiegel. In dieser Pariser Wohnung *(oben)* zieht der klassische, französische Kamin, der hervorragend zu den Louis-Quinze-Möbeln passt, alle Blicke auf sich.

Ganz anders wirkt dagegen dieser Kamin im irischen Connemara, auch wenn er ebenfalls im Mittelpunkt des Wohnzimmers steht *(unten)*. Seine leuchtenden Farben bilden einen reizvollen Kontrast zu den Grau-, Grün- und Brauntönen der Landschaft Connemaras.

SIEHE AUCH

LOUIS-QUINZE-MÖBEL 251 285 298 302

SPANISCHE WÄNDE 88 328

ÄUSER IN CONNEMARA 17 336

TISCHHOCKER 114 281 294

Alle hier gezeigten Kamine zeigen ein klassizistisches Formenrepertoire, das den jeweiligen Räumen ein Flair vornehmer Strenge verleiht. Sie sind sehr hoch im Verhältnis zur Zimmerdecke und lenken allein schon deswegen die Aufmerksamkeit auf sich. Weitere Elemente wie ein Gemälde, zwei Vasen, ein großer Spiegel und ein schreinartiges Arrangement aus verschiedenen Gegenständen und Bildern machen sie erst recht zum Blickfang.

PARIS

TOSKANA

NEW YORK

PARIS

SIEHE AUCH

HÄUSER IN DER TOSKANA	29 188 217
OFFENE KAMINE	182 234 255 265 338
APARTMENTS IN NEW YORK	113
KAMINVERKLEIDUNG, HOLZ	305 360

Diese hell gestrichenen Kamine vor weißen oder cremefarbenen Wänden scheinen beinahe mit dem Hintergrund zu verschmelzen. Doch Bilder, Spiegel und eine ganze Reihe weiterer Objekte rücken sie wieder ins Zentrum der Aufmerksamkeit. Selbst die Feuerstelle und die Wände neben der Kamineinfassung lassen sich als Ausstellungsfläche nutzen.

ÎLE DE RÉ

ÎLE DE RÉ

PARIS

IRLAND

SIEHE AUCH

HÄUSER IN IRLAND	221	284	330	336	456
SPIEGEL	105	106	115	131	229
WEISSE RÄUME	94	100	117	294	
HÄUSER AUF DER ÎLE DE RÉ	35	38	134	136	

Ein offener Kamin ist vor allem deshalb reizvoll, weil man direkt in die Flammen schauen kann. In Ländern, in denen man traditionell eher mit Öfen heizt wie etwa in Skandinavien, wird der Ofen dagegen selbst zum Schmuckstück *(beide Seiten)*. Form, Farbe und Verzierung der Kacheln geben Auskunft darüber, aus welcher Epoche die Öfen stammen. Sie sind es, die den Raum auf eine sehr reizvolle Weise dominieren, auch wenn sie, wie allgemein üblich, in einer Ecke errichtet wurden.

BUDAPEST

STOCKHOLM

STOCKHOLM

STOCKHOLM

STOCKHOLM

STOCKHOLM

MAROKKO

MAROKKO

VERSAILLES

NEPAL

Die Eingangstür spielt, gerade was den Gesamteindruck einer Fassade anbelangt, eine entscheidende Rolle; dementsprechend viel Sorgfalt sollte man also auch auf ihre Gestaltung verwenden. Dasselbe gilt für Türöffnungen, Nischen, Bögen und Erker, mit anderen Worten für alle architektonischen Besonderheiten, die zur individuellen Atmosphäre eines Raumes beitragen. Mit verschiedenen Dekorationstechniken, Objekten und Möbeln lassen sie sich hervorragend in Szene setzen *(beide Seiten)*. Türen kann man bemalen oder mit Schnitzereien verzieren, die Rahmen mit interessanten Lackierungen oder Stuckreliefs dekorieren. In Nischen und Erkern machen sich Pflanzen, Körbe und Bücher gut, vorgesetzte Säulen und Bögen kann man mit Hilfe von Farbkontrasten besser von ihrem jeweiligen Hintergrund abheben. Möbel oder Skulpturen erhalten optisch mehr Gewicht, wenn man sie in eine Wandvertiefung integriert oder unter einem Deckengewölbe platziert.

SIEHE AUCH					
BÖGEN	70	71	370	371	
MAURISCHE HÄUSER	107	126	389	390	
HÄUSER IN VERSAILLES	143	306	337		
TROMPE-L'ŒIL	203	209	210	342	355
UNGEWÖHNLICHE SOFAS	49	298	302	347	
GEMUSTERTE FLIESEN	338	349	445		
EINGANGSHALLEN	70	71	336	352	
NISCHEN	15	65	84		

STOCKHOLM

STOCKHOLM

ROM

AMALFI

MAROKKO

ROM

STRUKTUR, MUSTER, FARBE

Das Bedürfnis, unsere unmittelbare Umgebung zu dekorieren und zu verzieren, ist in nahezu allen Kulturen verwurzelt und schließt gewaltige Paläste ebenso ein wie die kleinste Hütte. Die Wandgestaltungen auf diesen Seiten sind an Opulenz kaum zu überbieten – auch wenn sie aus unterschiedlichen Günden gestaltet wurden. Die Eigentümer von Louhisaari, eines nördlich von Turku, Finnland, gelegenen Gutes im baltischen Renaissancestil, ließen sich bei der Innengestaltung von den großen italienischen Barockpalazzi inspirieren. Der äußerlich schmucklose Besitz offenbart seine Schönheit erst im Innern *(linke Seite)*: Kostbare Stoffe und Gobelins schmücken die Wände, Holzbalken wurden mit Schnitzwerk verziert und anschließend bemalt. All das würde man auf den ersten Blick nicht unbedingt in diesem Haus erwarten.

Im selben Stil sind die herrlichen Gemächer des Sommersitzes der Familie Chigi in Arricia, Italien, gehalten. Den großen Empfangssaal schmücken Wandbespannungen aus geprägtem und gefärbtem Cordova-Leder. Sie sind von einer solchen Pracht, dass sie die Gemälde und Möbel beinahe zu erdrücken scheinen *(rechte Seite)*.

SIEHE AUCH					
PALÄSTE DER CHIGI	45	193	201	203	293
ESSZIMMERSTÜHLE	175	378	408	414	
BALTISCHE RENAISSANCE	208	209	210	211	
ITALIENISCHER BAROCK	184				

Zu keiner Zeit, ja nicht einmal während des Rokoko, war der Hang, die Innenwände als Fläche zu betrachten, die mit allen Mitteln dekoriert und verschönert werden muss, so groß wie in den Epochen der Hochrenaissance und des Barock. Stuck, Fresken und Gold dominieren die Säle in den prachtvollen französischen Schlössern aus dem frühen 17. Jahrhundert – Mobiliar ist, zumindest zu dekorativen Zwecken, beinahe überflüssig.

Die Wandgestaltung solch grandioser Wohnräume folgte meist zwei Prinzipien: *de hauteur*, das heißt, die gesamte Fläche wurde für eine Gesamtdekoration genutzt, oder *d'appui*, wobei man die Fläche in verschiedene Bereiche einteilte, die manchmal noch durch ein Gesims oder eine Vertiefung voneinander abgegrenzt wurden. In einem der Prunksäle des Château de Cormatin in Burgund *(oben)* stehen die verzierten Bereiche in einem herrlichen Kontrast zueinander; vertärkt wird die Wirkung noch durch die leuchtenden Farben und das goldene Dekor der Trennungslinie.

Genauso prachtvoll und in seiner Dekoration geteilt – wenn auch auf eine ganz andere Art – ist dieser holzvertäfelte Raum in Salzburg, Österreich *(unten)*. Hier fallen in erster Linie das ornamentale Schnitzwerk sowie die Maserung und Patina des Holzes ins Auge, weniger die Bemalung.

SIEHE AUCH

TÜREN	54	70	71	352	353	
DEKO-SCHNITZWERK	70	71	335	351	354	356
HÄUSER IN ÖSTERREICH	54	204				

Das Château de Cormatin, das in der ersten Dekade des 17. Jahrhunderts errichtet und später durch den literarischen Zirkel der Madame Sévigné und ihres Cousins Roger de Bussy-Rabutin berühmt wurde, gehört zu den herausragendsten Beispielen der Architektur unter König Ludwig XIII. *(oben und unten)*. An den Wänden der Prunksäle findet sich meisterhaft gearbeitetes Schnitzwerk, kombiniert mit Gemälden von außerordentlichem Rang, die Landschaften und Architektur zeigen. Die Deckenbalken sind ebenfalls bemalt. Nicht dekorierte Wände hat man kurzerhand mit Gobelins verhängt – Prunk pur!

SIEHE AUCH
VERTÄFELTE WÄNDE 216 255 304 335

Wie stark Wohnobjekte, Möbel und andere Einrichtungsgegenstände zur Geltung kommen, hängt immer auch von der Struktur und Farbe des Hintergrunds ab. Dieses exzentrische Arrangement *(oben links)*, eine improvisierte Lampe auf einem Stuhl, hebt sich hervorragend von dem einfarbigen, groben Anstrich der Wand ab.

Linien sorgen normalerweise stets für Klarheit und Ordnung – ein Effekt, den diese unregelmäßigen und mit scheinbar zittriger Hand aufgetragenen Striche *(oben rechts)* nicht hervorrufen. In Kombination mit dem prunkvollen Goldrahmen und dem Stuhlfragment wurde dennoch eine außergewöhnlich dekorative Wirkung erzielt.

Dieses sehr schlichte Arrangement strahlt einen besonderen Charme aus *(oben links)*. Der beinahe schon rudimentär zu nennende, rustikale Stuhl macht jeder Skulptur Konkurrenz. So einfach die übrige Einrichtung auch sein mag – über Farbe und Muster der Wandgestaltung hat sich dagegen jemand gründlich Gedanken gemacht.

Wandschmuck ist ideal, um in monochromen Räumen ein paar lebhafte Akzente zu setzen *(oben rechts)*. Vor den geweißelten Wänden kommen die nach uralten Traditionen gefertigten Teppiche, Kelims sowie die anderen gewebten Stoffe gut zur Geltung und verleihen dem Raum, vor allem in Kombination mit dem Mobiliar, ein kulturhistorisches Flair.

In fast allen Ländern und Kulturen betreibt man bei der Gestaltung von Türen – innen wie außen – großen Aufwand. Manchmal ist es nur ein einziges, zentrales Element, das eine Tür zum Blickfang macht, manchmal sind es zahlreiche Details. Dieses alte, mit durchbrochenen Ornamenten verzierte marokkanische Exemplar wird von einer großen Rosette dominiert, die über anderen bunten Holzpaneelen angebracht ist *(oben links)*. Auch diese Art-déco-Tür in Budapest besticht neben kleineren Schnitzarbeiten durch ein zentrales Schmuckelement in Augenhöhe: ein schmiedeeisernes Ziergitter *(oben rechts)*.

Egal ob Arm oder Reich, jeder bemüht sich auf seine Art, die eigenen vier Wände zu schmücken. Diese mehr als behelfsmäßige Tür, die im Stockholmer Freilichtmuseum Skansen bestaunt werden kann, führt den Marmoreffekt der Außenwände fort, die fehlenden Türpfosten wurden durch einen farblich abgesetzten Rahmen nachgeahmt *(oben links)*. Im Gegensatz dazu lässt diese prunkvolle Tür eines alten Herrenhauses *(oben rechts)* in Plas Newydd, Wales, nicht den geringsten Zweifel an der enormen Bedeutung, die die Besitzer des großzügigen Anwesens diesem reich verzierten Eingangsbereich beigemessen haben.

Folgende Seiten
Heutzutage scheint die Deckengestaltung kaum noch eine Rolle bei der Dekoration eines Raumes zu spielen. Seit Anfang des 20. Jahrhunderts gibt es kaum noch Maler oder Stuckateure, die sich damit beschäftigen. Diese Deckenverzierungen zeigen, welch großartige Wirkung man damit bei der Ausgestaltung eines Bauwerks erzielen kann, egal, ob in fürstlichen Gemächern oder öffentlichen Gebäuden.

UMBRIEN

UMBRIEN

ROM

UMBRIEN

KENIA

MAROKKO

MANILA

MEXIKO

SIZILIEN

MANILA

ROM

FLORIDA

ROM

BURGUND

SCHWEDEN

PROVENCE

KENIA

GUATEMALA

NEAPEL

BALI

PARIS

KANADA

BURGUND

MANILA

NEAPEL

UMBRIEN

LUXOR

KAIRO

MAROKKO

KOMOREN

MARSEILLE

SUSSEX

KOPENHAGEN

SANTIAGO

GUATEMALA

GUATEMALA

KANADA

SCHWEDEN

FINNLAND

MALLORCA

SUSSEX

BANGKOK

MAURITIUS

SCHWEDEN

SALZBURG

Vorangegangene Seiten
Es gibt unendlich viele Möglichkeiten, Farbe und Struktur dekorativ einzusetzen. Dabei macht sich die Liebe zum Detail immer bezahlt – das gilt für kleinere Objekte, Bilder, Möbel genauso wie für Obst, Samen, Muscheln und vieles mehr. Auf Reisen kann man sich zu zahlreichen solcher Stillleben inspirieren lassen.

Nicht nur der Raum selbst, auch Einrichtungsgegenstände lassen sich durch Farbe und diverse Muster verschönern. Bemalte und mit Schnitzereien verzierte Möbel wie Schränke und Kommoden haben in vielen Ländern eine lange Tradition *(linke Seite)*. Sie müssen sorgfältig platziert werden, damit sie richtig zur Geltung kommen. Manchmal erzielt man einen noch größeren Effekt, wenn man nicht das Möbelstück selbst bearbeitet, sondern verschiedenfarbige, interessant geformte Gegenstände darauf arrangiert wie dieses Muschelstillleben in einem kleinen Museum auf der Insel Mauritius *(rechte Seite)*.

SIEHE AUCH

VITRINEN	158	290	321	360	
BEMALTE SCHRÄNKE	188	219	236	356	
SAMMLUNGEN	253	265	268	298	302
	307	321	357	361	362
SCHUBLADENKOMMODEN	162	193	263	271	361
GEMUSTERTE BÖDEN	182	196	345	393	414

MASSACHUSETTS

NEW YORK

FRANKREICH

KENIA

FRANKREICH

FRANKREICH

FRANKREICH

MANILA

FRANKREICH

NEAPEL

FRANKREICH

NEW YORK

ORNAMENTE UND ARRANGEMENTS

Die Sammelleidenschaft kann ganz unterschiedliche Formen annehmen und sich auf alle möglichen Objekte erstrecken. Der europäische Landadel, der vor allem im 17. Jahrhundert seine Kuriositätenkabinette mit Objekten unterschiedlichster Herkunft füllte, oder die englischen Aristokraten, die auf ihrer Grand Tour durch Italien Antiquitäten und Renaissancegemälde sammelten, sind uns viel näher, als wir denken. Denn die Sammelleidenschaft war und ist eine zutiefst menschliche Angewohnheit, mit der meist auch die Lust am Herzeigen einhergeht. Die Objekte werden auf jede erdenkliche Weise in Szene gesetzt: Glasvitrinen können Porzellansammlungen und Liebhaberstücke kaum noch fassen, Beistelltische verschwinden unter Objekten verschiedenster Formen und Materialien, während Wände durch Gemälde, Zeichnungen, Teppiche oder andere Wandbehänge erst richtig interessant werden. Wenn man so will, ist jedes der hier gezeigten Arrangements *(beide Seiten)* eine Art Kuriositätenkabinett für sich.

SIEHE AUCH

VITRINEN	158	290	321	358		
WANDSCHMUCK	11	147	186	218	221	361
KONSOLENTISCHE	144	187	212	229	282	
PORZELLANDEKO	54	220	236	238	320	
SAMMLUNGEN	253	265	268	298	302	
	307	321	357	359		
:HUBLADENKOMMODEN	162	193	263	271	358	
DEKO-TÖPFERWARE	139	291	363			
MINVERKLEIDUNG, HOLZ	305	340				
VIGNETTEN	258	302	308	332		
BILDERGRUPPEN	11	147	200	226	251	
	265	298	307	337	349	

PARIS

PROVENCE

PARIS

WALES

CHILE

FLORIDA

PARIS

PARIS

PARIS

IBIZA

IBIZA

STOCKHOLM

ÎLE DE RÉ

Wer von einem schönen Zuhause träumt, sollte sich seine Lieblingsstücke nicht nur fürs Wohnzimmer aufheben. Küche, Schlafzimmer, ja selbst Treppenhäuser verdienen eine ebenso aufmerksame Behandlung. Vor allem Küchen, die ohnehin viele formschöne Objekte beherbergen, bieten zahlreiche Möglichkeiten, das ein oder andere Stillleben zu arrangieren. Je sensibler man mit Form und Farbe umgeht, desto besser das Ergebnis.

Ausgefallenes oder bemaltes Geschirr kommt in offenen Regalen besonders gut zur Geltung. Holztabletts, Schalen und andere Gegenstände aus einer Zeit, in der noch nicht alles aus Plastik war, sind ebenfalls geeignet, wenn es darum geht, Arbeitsflächen oder Küchenbüfetts ansprechend zu gestalten. Selbst schlichte Backformen lassen sich eindrucksvoll arrangieren.

SIEHE AUCH
KÜCHENBELEUCHTUNG 109 291 308 311
HÄUSER IN STOCKHOLM 269 444

In jeder Küche gibt es Bereiche, die sich besonders als Blickfang eignen. Vitrinen, Büfetts oder Regale sind häufig dekorativ an sich, geben aber auch einen wunderbaren Platz für die Präsentation von verschiedenen Objekten ab *(oben links und rechts)*. Doch selbst etwas so Zweckmäßiges und eher Undekoratives wie eine Spüle wirkt schöner, wenn sie durchdacht in die Umgebung eingepasst ist und in Farbe und Form mit anderen Objekten harmoniert *(unten links und rechts)*.

MAROKKO

IRLAND

MASSACHUSETTS

PARIS

SIEHE AUCH
VÖGEL 105 203 270 295 321 333
FARMEN IN MASSACHUSETTS 30 82 224 225

BRASILIEN

PARIS

IRLAND

BELGIEN

KORSIKA

PARIS

PARIS

KENIA

BELGIEN

KENIA

SUMBAWA

PROVENCE

Manchmal ist es nur ein kleines Detail, das alle Blicke auf sich zieht. Die hier gezeigten Objekte *(linke Seite)* sind vor allem deshalb reizvoll, weil sie eine außergewöhnliche Form haben oder auf andere Art und Weise auffallen, und nicht, weil es sich dabei um wertvolle oder besonders dekorative Kunstgegenstände handelt. Die simpelsten Dinge lassen sich wirkungsvoll in Szene setzen, wenn man sie sorgfältig auswählt und arrangiert. Der überaus originelle Wandschmuck dieses New Yorker Schlafzimmers *(rechte Seite)* besteht aus alten Baseballmasken – ein Thema, das bei Tisch und Bett fortgesetzt wird, die zum Teil aus Baseballschlägern und -bällen gebaut beziehungsweise damit dekoriert wurden.

SIEHE AUCH

LAMPEN	134 247 260 303
WANDDEKORATION	130 134 199 252 351 365
KERZENLEUCHTER	159 180 332 360

Blumen, mit denen man sich die Farbenpracht und den Duft des Gartens ins Haus holen kann, sind einfach eine Augenweide und lassen selbst die uninteressanteste Ecke eines Raumes zum Blickfang werden. Aber auch im Freien oder als Fresko verfehlen sie ihre Wirkung nicht *(oben rechts und rechte Seite)*. Sie verwandeln Innenhöfe und Gärten in kleine Paradiese *(folgende Seiten)*, in die man sich vor dem hektischen Treiben auf den Straßen flüchten kann.

THAILAND

BALI

SCHANGHAI

MAROKKO

KUBA

ROCHEFORT

SCHANGHAI

ROM

POMPEI

SIZILIEN

CHILE

GOA

LEBENSWELTEN

UNSER UMFELD

RUND UMS HAUS

AUSSER HAUS

AUF DEM MARKTPLATZ

EINE HOMMAGE AN DIE MENSCHEN

Wir alle streben nach einem Wohnstil, der uns Schutz, Wärme und Behaglichkeit garantiert, aber auch ästhetisch überzeugt. Je nachdem, welcher Gemeinschaft wir angehören, welchen lokalen, regionalen, nationalen und letztendlich auch internationalen Einflüssen wir ausgesetzt sind, werden wir unser engstes Umfeld gestalten. *Wie wir leben* trägt Stile und Besonderheiten aus allen Teilen der Welt zusammen und ist dadurch ein wahrer Fundus an ungewöhnlichen Einrichtungsideen. Das Verblüffende ist, wie viele Gemeinsamkeiten und Parallelen es in den verschiedenen Kulturen gibt und wie groß die Wirkung ist, wenn man Unterschiedliches zusammenfügt. So kommen etwa die prächtigen Verzierungen orientalischer Möbel in einem in Weiß gehaltenen, westlich-kühlen Ambiente überraschend gut zur Geltung; und ein afrikanischer Stuhl lässt Higtech-Metallmöbel längst nicht so kalt wirken. Was für die Gestaltung unserer eigenen vier Wände gilt, lässt sich auch auf unsere Umgebung übertragen.

In wärmeren Gefilden dienen beispielsweise große, unüberdachte Höfe als Erweiterung der Innenräume, in einer nördlichen Großstadt dagegen geschützte Balkone oder Dachterrassen. Möbel oder Deko-Objekte, die für Innenräume zu groß und zu sperrig wären, können hier so richtig in Szene gesetzt werden. Alles, was man dazu braucht, sind ein paar dekorative Topfpflanzen, ein Tisch und vier Stühle, die aber sorgfältig ausgewählt werden sollten. Große Eleganz oder extreme Perfektion wirken hier fehl am Platz. Schlichtere Formen und Materialien wie Bambus, Segeltuch und unpoliertes Hartholz sind für solche Zwecke besser geeignet. Hat man alles arrangiert, lässt sich hier hervorragend speisen. Die Küche ist nicht weit und man genießt einen herrlichen Blick auf den Garten oder die Skyline der Stadt. So wird selbst aus einem Großstadtbalkon eine recht friedliche Oase, weitab von Hektik, Menschenmassen, Verkehrslärm und engen Häuserschluchten.

MARRAKESCH

Was uns der Balkon, ist in islamischen und mediterranen Kulturen der Innenhof oder Patio. Es gibt kaum ein Haus, das diese architektonische Besonderheit nicht aufweisen würde. Offene Arkaden sorgen dabei für einen fließenden Übergang von den Innenräumen ins Freie, wo üppige Pflanzen duften und meist ein kleiner Brunnen plätschert. Natürlich werden nur wenige in den Genuss eines Hofes kommen, der mit den hier abgebildeten maurischen oder spanischen Beispielen mithalten kann. Trotzdem können wir uns von der Art, wie Pflanzen, Keramikgefäße oder Skulpturen arrangiert sind, inspirieren lassen, wenn es darum geht, einen Garten oder eine Terrasse anzulegen.

In vielen Kulturen sind solche Innenhöfe gleich von mehreren Gebäuden umgeben – vielleicht, weil auf diese Weise eine Art archaischer Schutzwall entsteht, der den Bewohnern Sicherheit und Wärme suggeriert. Die auf Bali vorherrschende Bauweise und Gestaltung von Innenhöfen ist jedenfalls einer der größten Exportschlager der Insel. Die typische Architektur spiegelt eine Lebensweise wider, die sowohl unter freiem Himmel als auch im Inneren geschlossener Räume stattfindet. Design und Baustil haben ganz Südostasien und den gesamten Pazifikraum nachhaltig beeinflusst. In den zahlreichen Innenhöfen der balinesischen Anlagen finden viele Topfpflanzen Platz, ja sogar Bilder und Götterstatuen sowie der unverzichtbare Brunnen. Ein farbenfroh gedeckter Tisch und rasch ein paar Stühle an einem geschützten Fleck in einem der Höfe aufgestellt, fertig ist das überaus idyllische Refugium direkt vor der Haustür.

Doch zurück zu unseren Beziehungen zur Außenwelt: Hinter unseren Gärten und Patios liegen Straßen, Plätze und Gebäude, die den Charakter unseres Viertels prägen, vorausgesetzt, wir leben nicht völlig abgeschieden auf dem Land. Hier finden wir Läden, Bars und Restaurants, hier knüpfen wir Kontakte und werden Teil einer größeren Gemeinschaft. In der westlichen Welt ist die Bar oder Kneipe eine feste Institution, in der man sowohl sein Bedürfnis nach Einsamkeit als auch nach Gesellschaft befriedigen kann. In Asien erfüllt diesen Zweck das Teehaus, und aus orientalischen Städten und Dörfern oder auch dem mediterranen Raum sind die Cafés nicht wegzudenken, in denen die Männer bei einem Mokka oder Pfefferminztee zusammensitzen, entspannt eine Wasserpfeife rauchen und sich lebhaft unterhalten.

CHILE

Bars und Restaurants sind so unterschiedlich wie die Kulturen, aus denen sie stammen – und trotzdem fassen sie überall, auch in der Fremde, Fuß: Es gibt Chinarestaurants in Litauen und griechische Tavernen in Melbourne, Irish Pubs in Deutschland, afrikanische Lokale in Italien ... die Liste lässt sich beliebig fortsetzen. Wer allerdings den Alltag und das Leben der Einheimischen wirklich kennen lernen will, sollte ein für das jeweilige Land typisches Restaurant oder Café besuchen. Denn in diesem Mikrokosmos spiegelt sich die Kultur der Umgebung genau wider. Chinesische Teehäuser, urige Mittelmeertavernen, aber auch die lebhaften Basare sind nirgendwo so überzeugend wie in ihrer Heimat.

Gute Restaurants, egal wo auf der Welt, erkennt man vor allem daran, dass sie ihre Speisen überwiegend mit frischen, regionalen Lebensmitteln zubereiten. Sie pflegen gute Geschäftsverbindungen zum örtlichen Markt, auf dem es vor lauter Farben, Gerüchen und Leben nur so wimmelt. Was ist verführerischer als eine Reihe von Ständen, die sich unter der bunten Fülle von Obst und Gemüse förmlich biegen? Als Eimer mit prächtigen Blumensträußen oder

TUNESIEN

Kisten mit fangfrischem, schillerndem Fisch? Auf guten Märkten werden die Waren äußerst sorgfältig präsentiert, denn gerade die einheimischen Kunden sind wählerisch. Sie betasten die Lebensmittel und riechen daran, bevor sie sich zum Kauf entschließen. Touristen fehlt vor allem in exotischen Ländern manchmal etwas die Erfahrung. Die große Foodjournalistin Elizabeth David stellte dazu einmal fest, dass Reisende, die so viel Zeit in Kunstgalerien, Museen und Kirchen verbringen, ruhig einmal auf den Markt gehen sollten – auch er gehört zum kulturellen Vermächtnis einer Stadt, einer Region, eines Landes.

Nicht nur der Gang über den Markt ist ein Erlebnis, auch die Schaufenster traditioneller Lebensmittelläden mit ihrem bunten, vielfältigen Angebot lassen uns staunen. Im Zeitalter von Supermarktketten und Shoppingmalls sind die wenigen kleinen Tante-Emma-Läden, die es heute noch gibt, mit ihren hübschen Ladenfronten eine wirkliche Augenweide. Beim gemütlichen Flanieren durch Geschäftsstraßen, deren Läden bis hoch unter die Decke mit Waren gefüllt sind, hat man den Eindruck, die Zeit sei stehen geblieben. Ihre bunten, manchmal etwas eigenwilligen Auslagen ermuntern zum Stöbern, hier kommen wir zur Ruhe und kaufen viel bewusster ein.

Denselben Charme wie diese alten Läden haben kleine Betriebe, insbesondere, wenn dort noch Kunsthandwerk hergestellt wird. Natürlich kann man die Zeit nicht zurückdrehen, wie das William Morris, der englische Begründer des Arts-and-Crafts-Movement Anfang des 20. Jahrhunderts gefordert hat. Trotzdem ist es wichtig, Betrieben, die ihre Produkte noch in Handarbeit herstellen, mit gebührendem Respekt zu begegnen, denn sie bringen Farbe in eine immer eintönigere Welt.

Um Menschen aus den verschiedensten Kulturkreisen geht es zum Abschluss dieses Kapitels. Sie beleben die Straßen, die Märkte und die Geschäfte, treffen sich mit Freunden, feiern gemeinsam oder essen und trinken in den ihnen vertrauten Restaurants und Bars. Und so schließt sich der Kreis wieder: Erfüllt von unzähligen neuen Eindrücken und manchmal auch mit allerlei Neuerwerbungen im Gepäck kehren wir beschwingt von den vielen Farben und Formen, die wir in unserer Umgebung entdeckt haben, nach Hause

SUMBAWA

zurück. Und vielleicht sind uns ja auch neue Ideen gekommen, wie wir unsere eigene kleine Lebenswelt nach unseren individuellen Vorstellungen noch schöner gestalten können.

RUND UMS HAUS

Halb privat und doch öffentlich sind Veranden, Terrassen, Hinterhöfe, Patios und natürlich auch Gärten – Orte, an die man sich zum Essen, Trinken, Plaudern, Nachdenken und Entspannen zurückzieht. In warmen Ländern haben Loggia, Veranda und Balkon beinahe schon den Stellenwert eines zusätzlichen Zimmers. Dieser herrliche Laubengang im Bragança-Palast in Goa *(links)* liegt so geschützt, dass ein Teil der beachtlichen Sammlung von Möbeln und Kunstgegenständen im Freien ausgestellt werden kann.

Auch diese zum Garten hin offene Loggia eines Hauses in Guatemala *(rechte Seite)* bietet genügend Platz für Möbel. Natürlich darf auch eine Sitzgelegenheit nicht fehlen, die den fließenden Übergang zwischen drinnen und draußen unterstreicht.

Folgende Seiten
Veranden und Loggien lassen sich vielfältig nutzen. Vorausgesetzt, es ist genügend Platz vorhanden, um Tische und Stühle hinauszustellen, kann man dort herrlich zu Abend essen. Ansonsten sind sie ein perfekter Rückzugsort, an dem man in Ruhe seinen Gedanken nachhängen kann. Auch andere Objekte, die wegen ihrer Größe oder Machart nicht so gut in Innenräume passen – wie große Terrakottatöpfe, Körbe oder Vogelkäfige –, sind hier bestens aufgehoben. Klassisches Mobiliar wirkt hier eher deplatziert, besser eignen sich rustikale Tische und Stühle aus Bambus oder Peddigrohr.

SIEHE AUCH

BRAGANÇA-PALAST	47	144	147	
LATEINAMERIKANISCHE FARBEN	357	431	442	449
DEKORIERTE TRUHEN	159	251	262	441

MAURITIUS

MAURITIUS

MAURITIUS

SIZILIEN

MAURITIUS

SAIGON

SIZILIEN

BUENOS AIRES

SANTIAGO

NAIROBI

MEXIKO

BURUNDI

Diese großzügige und einladende Loggia *(rechts)* dominiert die ganze Breite eines herrlichen Privathauses auf Mauritius. Hier kann man sich gemütlich zusammensetzen, bei Bedarf schützen Bastrollos vor der grellen Sonne. Diese Loggia führt zwei unterschiedliche Bereiche zusammen: Sie setzt das Esszimmer fort, das im Hintergrund zu erkennen ist, leitet gleichzeitig aber auch zum Garten über *(s. auch S. 177)*.

BALI

SAIGON

MAURITIUS

FINNLAND

KANADA

MANILA

Die hier abgebildeten Sitzecken *(beide Seiten)* zeigen, wie vielseitig sich eine Veranda nutzen lässt und wie unterschiedlich – je nach Klima und Topographie – diese Wohnbereiche gestaltet werden. In sonnigen, subtropischen Regionen will man in erster Linie einen schattigen Platz schaffen, an dem man vor der sengenden Sonne geschützt und die Hitze erträglicher ist. Im Gebirge dagegen wünscht man sich möglichst viel Licht und eine so schöne Aussicht, wie man sie von diesem Balkon eines Chalets in der Nähe von Grenoble genießen kann *(rechts)*.

SIEHE AUCH

SKIHÜTTEN 29 42 238 239
VERANDEN 37 43 54 374 375 376 378 379 380 381 382 383 384 385
KLAPPSTÜHLE 95 100 123 135 286
HOLZMÖBEL 128 134 148 158 438
HÄUSER IN MANILA 150 156 158
HÄUSER IN GRENOBLE 243
HÄUSER AUF BALI 16 35 151 159 400

MAROKKO

BORA-BORA

KAIRO

BALI

SAIGON

SRI LANKA

PROVENCE

NORMANDIE

ÎLE DE RÉ

PROVENCE

TUNESIEN

ÎLE DE RÉ

Veranden und Terrassen werden in der Regel sorgfältig geplant. Sie gehören einerseits zum Haus, an das sie angebaut wurden, bieten aber gleichzeitig die Möglichkeit, die Annehmlichkeiten des Gartens zu genießen. Balkone, vor allem an oberen Etagen, oder Dachgärten liegen oft herrlich geschützt und bieten ein hohes Maß an Privatsphäre. Nicht ganz so abgeschieden, aber deswegen nicht minder attraktiv sind Hinterhöfe oder Patios, die manchmal nur durch eine kleine Mauer oder ein Sonnensegel markiert sind.

Die hier abgebildeten Beispiele *(linke Seite)* zeigen, dass es keiner allzu aufwändigen Konstruktion bedarf, um einen schönen Essplatz im Freien zu schaffen. Die genutzten Flächen liegen direkt vor den jeweiligen Häusern, in einigen Fällen entsteht die einladende Atmospähre schon durch einen Tisch und ein paar Stühle, die zwanglos arrangiert wurden. Hecken, ein paar Pflanzen oder ein Sonnenschutz tun ein Übriges. Ein besonders gelungenes Beispiel für den Charme solcher Bereiche ist diese Terrasse aus Terrakottafliesen vor einem Haus in Hammamet, Tunesien *(rechts)*.

SIEHE AUCH

DRAUSSEN SITZEN	402	404	406	416	446
BALDACHINE	348	374	375	406	407
HÄUSER IN TUNESIEN	132	375	397		
URNEN	331	380	400	403	
STEINMETZARBEITEN	357	370	371	447	

Umfriedungen, Innenhöfe oder von Mauern umgebene Gärten sind etwas ganz anderes als die Veranden und Terrassen, die auf den vorangegangenen Seiten abgebildet sind. Zunächst einmal gewähren sie keinen Ausblick auf den Garten oder die umliegende Landschaft. Wenn man so will, sind sie eine Art Zimmer, wenn auch unter freiem Himmel. Geräumige Innenhöfe wie dieser in Neapel *(oben)* eignen sich ganz hervorragend für die Präsentation von Brunnen oder großen Steinskulpturen, häufig in Verbindung mit prachtvoll angelegten Blumenbeeten. Etwas bescheidener mutet dieser Pariser Garten an *(unten)*, in dem verschiedenste Pflanzen und Bäume für die notwendige Privatsphäre sorgen. Die großen Terrakottatöpfe im toskanischen Stil setzen reizvolle Akzente. Ein solches stilles Refugium mitten in der Großstadt ist etwas ganz Besonderes.

SIEHE AUCH
KLAPPTISCHE 285 334 407

Solche Gartenhöfe mit ihren lang gestreckten Wasserbecken in der Mitte – ein Symbol für das Paradies – sind Höhepunkte orientalischer Kunst und Architektur. Großzügige Säulengänge sorgen für einen fließenden Übergang zwischen Innen- und Außenraum. Die Bepflanzung ist zumeist minimal und besteht in der Regel aus beschnittenen Hecken, Orangen- und Zitronenbäumchen in Terrakottagefäßen sowie Myrtensträuchern. Denn das Wasser ist es, das hier die Hauptrolle spielt. Zu den größten Meisterwerken islamischer Architekten im maurischen Spanien gehören die Gärten der Alhambra und des Generalife im andalusischen Granada *(oben und unten)*. Sie sind eine bestechende Variante des aus mediterranen Ländern kaum wegzudenkenden Patios oder Innenhofs, der im Grunde innerhalb jeder beliebigen Einfriedung angelegt werden kann. Alles, was man dazu braucht, sind ein paar Terrakottatöpfe auf gefliestem Boden, das Plätschern eines Brunnens, eine Schatten spendende Pergola oder ein Olivenbaum.

SIEHE AUCH

MAURISCHE HÄUSER 107 126 344 390

POOLS 392 394 398 403

MAURISCHE INNENHÖFE 390 393 394 395

Dieser Innenhof eines Anwesens in Marrakesch, das eigentlich aus dem 17. Jahrhundert stammt, zeigt eine moderne Variante einer alten Bautradition: Antike Elemente wie die verzierten Türen, die aus einem älteren Gebäude stammen, sowie der Eselsrückenbogen, durch den man den Hof betritt, wurden in das zeitgenössische Ambiente integriert. Der Hof wird durch vier Orangenbäume sowie vier marokkanische Laternen gegliedert, die um einen Springbrunnen gruppiert sind. Abends tauchen sie den Hof des Hauses in ein zauberhaftes Licht.

In Gärten und Innenhöfen im Westen wird tendenziell eher sparsam mit Wasser umgegangen. Viele Springbrunnen schießen das Wasser nur in kurzen Fontänen nach oben, um dann für Momente wieder zu versiegen. In orientalischen Innenhöfen kommt es dagegen darauf an, dass das Wasser ständig präsent ist und die Menschen allein schon durch seinen Klang erfrischt. Häufig wird es zusätzlich mit Blütenblättern parfümiert. Beide hier gezeigten Innenhöfe in Marrakesch *(oben links und rechts)* wurden um ein zentrales Wasserbecken herum angelegt. Ein paar Pflanzen hier und da, eine Lampe oder eine Sitzgruppe setzen weitere Akzente.

Es fällt nicht weiter schwer, zu begreifen, warum der maurische Innenhof zu einem festen Bestandteil der spanischen Architektur wurde und selbst in den ehemaligen spanischen Kolonien Einzug hielt. In lateinamerikanischen Städten ist er ein fester Bestandteil der großen Paläste wie hier im kubanischen Havanna *(oben links)*. Der zweite Innenhof, gelegen in einem Haus in Andalusien *(oben rechts)*, weist eine weitere Besonderheit dieser maurischen Bautradition auf: ein Patio, umgeben von mehreren Stockwerken, die über Galerien zu erreichen sind.

Ein von hohen Gebäuden begrenzter Innenhof ist der ideale Rahmen für abstrakte oder figurative Skulpturen sowie für weitere Objekte, die zu wuchtig sind, um in Wohnräumen ausgestellt zu werden. Diesem römischen Innenhof *(oben)* verleihen antike Statuen eine formale Strenge, die nur durch die Bepflanzung etwas abgemildert wird. Im Vergleich dazu herrscht in diesem Innenhof in Granada *(unten)* geradezu ein charmantes Durcheinander. Hier wurden die Pflanzen in ihren unterschiedlich geformten Schalen und Töpfen aus Terrakotta einfach willkürlich nebeneinander gestellt.

SIEHE AUCH
STATUEN 188 206
POOLS 389 392 398 403
MAURISCHE INNENHÖFE 389 390 393 396

Die Sammelleidenschaft der Eigentümer dieses neapolitanischen Hauses, die sich auf Stoffe und Objekte erstreckt, scheint auch vor diesem faszinierenden Innenhof nicht Halt zu machen *(oben)*. Große, auf verschiedenen Ebenen arrangierte Topfpflanzen sowie eine ungewöhnliche Tisch- und Wanddekoration verleihen ihm eine geheimnisvolle Aura.

Fast ein wenig zu groß geraten für den Innenhof dieses Hauses in Guatemala ist der riesige Steinbrunnen in der Mitte des Arkadenhofes *(unten)*. Ein Eindruck, der durch die vielen Topfpflanzen, die das Becken des Brunnens und die Bogengänge noch verstärkt wird.

SIEHE AUCH

ÜBERTÖPFE 112 275 371 396

SPRINGBRUNNEN 370 396 397 398

ARKADEN 289 393 396 398

Die Proportionen eines Innenhofes sind nicht ganz unwichtig, denn sie tragen entscheidend zum Gesamteindruck einer Anlage bei. Weder dieser Hof in einem öffentlichen Park im indischen Delhi *(oben)* noch der in Granada *(unten)* strahlt eine solche Ruhe und Verträumtheit aus wie die Beispiele auf den vorangegangenen Seiten. Da beide Höfe im Vergleich zu den umliegenden Gebäuden relativ groß sind, erinnern sie eher an Plätze mit Schatten spendenden Säulengängen.

SIEHE AUCH

MAURISCHE INNENHÖFE	389 390 393 394
ÜBERTÖPFE	112 275 371 394
ZIEGELDÄCHER	43 46 58 356

Ein von hohen Gebäuden begrenzter Innenhof ist der ideale Rahmen für abstrakte oder figurative Skulpturen sowie für weitere Objekte, die zu wuchtig sind, um in Wohnräumen ausgestellt zu werden. Diesem römischen Innenhof *(oben)* verleihen antike Statuen eine formale Strenge, die nur durch die Bepflanzung etwas abgemildert wird. Im Vergleich dazu herrscht in diesem Innenhof in Granada *(unten)* geradezu ein charmantes Durcheinander. Hier wurden die Pflanzen in ihren unterschiedlich geformten Schalen und Töpfen aus Terrakotta einfach willkürlich nebeneinander gestellt.

SIEHE AUCH
STATUEN 188 206
POOLS 389 392 398 403
MAURISCHE INNENHÖFE 389 390 393 396

Es fällt nicht weiter schwer, zu begreifen, warum der maurische Innenhof zu einem festen Bestandteil der spanischen Architektur wurde und selbst in den ehemaligen spanischen Kolonien Einzug hielt. In lateinamerikanischen Städten ist er ein fester Bestandteil der großen Paläste wie hier im kubanischen Havanna *(oben links)*. Der zweite Innenhof, gelegen in einem Haus in Andalusien *(oben rechts)*, weist eine weitere Besonderheit dieser maurischen Bautradition auf: ein Patio, umgeben von mehreren Stockwerken, die über Galerien zu erreichen sind.

Die Sammelleidenschaft der Eigentümer dieses neapolitanischen Hauses, die sich auf Stoffe und Objekte erstreckt, scheint auch vor diesem faszinierenden Innenhof nicht Halt zu machen *(oben)*. Große, auf verschiedenen Ebenen arrangierte Topfpflanzen sowie eine ungewöhnliche Tisch- und Wanddekoration verleihen ihm eine geheimnisvolle Aura.

Fast ein wenig zu groß geraten für den Innenhof dieses Hauses in Guatemala ist der riesige Steinbrunnen in der Mitte des Arkadenhofes *(unten)*. Ein Eindruck, der durch die vielen Topfpflanzen, die das Becken des Brunnens und die Bogengänge noch verstärkt wird.

SIEHE AUCH
ÜBERTÖPFE 112 275 371 396
SPRINGBRUNNEN 370 396 397 398
ARKADEN 289 393 396 398

Die Proportionen eines Innenhofes sind nicht ganz unwichtig, denn sie tragen entscheidend zum Gesamteindruck einer Anlage bei. Weder dieser Hof in einem öffentlichen Park im indischen Delhi *(oben)* noch der in Granada *(unten)* strahlt eine solche Ruhe und Verträumtheit aus wie die Beispiele auf den vorangegangenen Seiten. Da beide Höfe im Vergleich zu den umliegenden Gebäuden relativ groß sind, erinnern sie eher an Plätze mit Schatten spendenden Säulengängen.

SIEHE AUCH
MAURISCHE INNENHÖFE 389 390 393 394
ÜBERTÖPFE 112 275 371 394
ZIEGELDÄCHER 43 46 58 356

Arkaden gehören zu den wichtigsten architektonischen Merkmalen eines Innenhofes. Sie schaffen Übergänge zwischen Schatten und Licht und wirken mit ihren schön gefliesten Böden, verschieden geformten Bögen und den mit Reliefs verzierten Säulen und Kapitellen äußerst dekorativ. Manche von ihnen sind sogar mit Fresken geschmückt. Der Innenhof dieses Hauses in Hammamet, Tunesien, wird dagegen durch eher schlichte Bögen und Arkaden gegliedert, die aber eine schöne Umrahmung für den Brunnen in der Mitte darstellen *(oben)*.

Der Innenhof dieses Stadtpalasts im spanischen Sevilla, bei dem die maurischen Einflüsse noch deutlich zu erkennen sind *(unten)*, bietet unter den klassischen Bogengängen Platz für eine lauschige Sitzecke zum Essen und Plaudern. Den Brunnen in der Mitte säumen streng symmetrisch angeordnete Topfpflanzen.

SIEHE AUCH
DEN MIT KAROMUSTER 222 301 378 382 418
SPRINGBRUNNEN 370 394 398
HÄUSER IN TUNESIEN 132 375 386 387

Wenige Innenhöfe sind so schön wie diese beiden. Ein imposanter Säulengang, der so breit ist, dass er eine ganze Reihe von Topfpflanzen aufnehmen kann, säumt den großzügigen Patio eines Hauses in Granada *(oben)*. Die verschiedenen Architekturelemente kreieren ein interessantes Wechselspiel von Licht und Schatten.

Im Vergleich dazu wirkt der Hof in Kairo *(unten)* fast schon wie ein verwunschener Garten, in dem man Ruhe und Frieden findet, aber auch immer wieder etwas Neues entdecken kann. Für die Gestaltung dieses einzigartigen Rückzugsortes griff man auf das gesamte Repertoire der orientalischen Architektur zurück. Die Hauptattraktion ist der Brunnen in der Mitte, der von einem Keramikbecken eingefasst wird; die bunten Fliesen sind mit traditionellen Motiven geschmückt. Eine Nische, die kurzerhand mit Kissen ausgepolstert wurde, bietet eine herrliche Sitzgelegenheit. Verschiedene Topfpflanzen machen das Idyll perfekt.

SIEHE AUCH

SPRINGBRUNNEN	370 394 396 397
ARKADEN	289 393 394 396
LATERNEN	198 267 370 378 392

Ähnliche Feinheiten und Details wie in der maurischen Ornamentik Spaniens finden sich auch in der Schnitzkunst, insbesondere in Ägypten. Seit der Dynastie der Fatimiden, die im Mittelalter Kairo gründete, wird dieses beeindruckende Kunsthandwerk bis zum heutigen Tag gepflegt. Wie meisterhaft die Schnitzkunst hier beherrscht wird, sieht man an Türen und Wandvertäfelungen, vor allem aber an Geländern mit durchbrochener Ornamentik wie bei diesem Hof eines Anwesens in Marrakesch, Marokko *(oben)*. Weniger dominant, dafür aber umso filigraner sind die Zwischenwände und Friese, die den Innenhof eines Hauses in Kairo begrenzen *(unten)*. Arabische Schriftzeichen, die Texte aus dem Koran wiedergeben, bilden ein faszinierendes Ornament vor dem gleichmäßig durchbrochenen Schnitzwerk.

SIEHE AUCH
DURCHBROCHENE ORNAMENTIK 78 155 167 179 447

Auch in der balinesischen Architektur spielen Innenhöfe eine große Rolle – nicht nur bei traditionellen Gebäuden. Viele moderne Neubauten der Insel setzen sich aus einer Reihe pavillonartiger Gebäude zusammen, die um mehrere Innenhöfe angeordnet sind. Ein zentraler Bereich steht zur gemeinschaftlichen Nutzung bereit, ein Hof im Nordosten, der einen weiteren kleineren Hof umschließt, beherbergt für gewöhnlich den Haustempel. Dort huldigen die Gläubigen ihren Göttern, die sowohl dem javanischen Hinduismus als auch der balinesischen Naturreligion entlehnt sind.

Dieses große Haus in Ubud *(rechts)*, das aus mehreren voneinander unabhängigen und geräumigen Wohneinheiten besteht, hat alle Vorzüge der traditionellen balinesischen Architektur, die jedoch sehr zeitgemäß interpretiert werden. Aufgrund seiner überaus großen Wandlungsfähigkeit wurde der balinesische Stil im ganzen südostasiatischen und pazifischen Raum zu einem häufig kopierten Modell, das sogar in Australien Nachahmer gefunden hat.

Wer das Leben im Freien genießen und dort auch essen will, benötigt weder einen Innenhof noch eine aufwändig konstruierte Terrasse. Manchmal genügt es schon, einen Tisch nach draußen zu stellen – vorausgesetzt die Küche ist nicht allzu weit weg und die Umgebung so reizvoll, wie auf dieser Strandterrasse in Arcachon, dem französischen Teil der Bucht von Biskaya *(unten)*. Der improvisierte Essplatz im Grünen nicht weit von Bordeaux *(oben)* gewinnt zusätzlich durch eine bunte Tischdecke.

SIEHE AUCH
HOLZBÄNKE 227 232 314 383 386
DRAUSSEN ESSEN 378 406 412

Um den Wohnraum zum Plaudern oder Speisen unter freiem Himmel nach draußen zu verlagern, reichen eigentlich ein paar wenige, einfache Mittel. Wenn man natürlich einen so phantastischen Gartenbereich zur Verfügung hat wie in diesem Haus auf Korsika, lässt sich das noch einfacher realisieren. Der Besitzer des Anwesens, ein international bekannter Innenarchitekt, hat Veranda und Swimmingpool so angelegt, dass die Innenräume beinahe nahtlos in den Außenbereich übergehen.

SIEHE AUCH

GARTENMÖBEL 59 374 380 386 337
POOLS 389 392 398
URNEN 331 380 386 400

Die Terrasse, ein Ort, an dem man sich herrlich entspannen kann, muss nicht immer in unmittelbarer Nähe des Hauses liegen. Wegen des atemberaubenden Blicks an dieser Stelle des Gartens *(oben)* haben die Eigentümer dieses balinesischen Hauses beschlossen, einfach ein paar Quadratmeter Grund zu fliesen, um eine kleine Sonnenterrasse im Grünen zu schaffen.

In diesem Garten eines Hauses in Frankreich *(unten)* wurde die kleine Essecke so gewählt, dass man einen herrlichen Blick auf eine Reihe alter Bäume, ein schmiedeeisernes Tor und verwittertes Mauerwerk hat.

SIEHE AUCH
DRAUSSEN SITZEN 386 402 406 416 446
EINFAHRTEN 370 371
LIEGEN 90 314 384

Dieser Platz unweit eines Landhauses mag durch seine exponierte und ungeschützte Lage auf den ersten Blick nicht sonderlich gut für einen gemütlichen Sitzplatz geeignet sein *(oben)*. Doch wenn man genauer hinsieht, erkennt man, dass die hellen Klappstühle mitten in der bei Dichtern und Malern so beliebten Hügellandschaft der Toskana stehen. Dunkle, hohe Zypressen im Hintergund, geschwungene und beinahe skulptural unter einem Baum arrangierte Stühle – all das wirkt spätestens auf den zweiten Blick sehr einladend.

Wer sich dagegen einen geschützten Essplatz wünscht, den wird dieses streng strukturierte Arrangement im Garten eines Hauses auf Mallorca sicher begeistern *(unten)*. Die üppige Vegetation spendet so viel Schatten, dass Stoffsegel, Markisen oder Schir-me überflüssig sind.

Folgende Seiten
Eine Terrasse, Sonne und ein paar Pflanzen sind alles, was man braucht, um unwiderstehliche Essplätze im Freien zu kreieren.

SIEHE AUCH
CHMETTERLINGSSESSEL 99 102 130 131 391

IBIZA

PROVENCE

ARGENTINIEN

TOSKANA

BELGIEN

KORSIKA

SIZILIEN

MAROKKO

MEXIKO

RHODOS

SCHWEDEN

IBIZA

SEVILLA

PROVENCE

PARIS

GUATEMALA

KORSIKA

IBIZA

KORSIKA

TOSKANA

KORSIKA

IBIZA

FLORIDA

KUBA

BOMBAY

BUENOS AIRES

ATHEN

KOPENHAGEN

AUSSER HAUS

Die Straße, im Dorf ebenso wie in der Großstadt, ist Hauptverkehrsader und Treffpunkt zugleich. Hier wird gehandelt, Ware umgeschlagen, Geld gewechselt und der allerneueste Klatsch ausgetauscht. Und hier findet man auch Cafés, Restaurants und Bars. Eine Bar ist normalerweise ein geselliger Ort *(linke Seite)* – kaum etwas wirkt melancholischer als ein einsamer Gast vor seinem Bier. Von einer Bar erwarten wir eher, dass sie uns in eine bestimmte Atmosphäre eintauchen lässt, uns ein inspirierendes Ambiente bietet, in dem wir in netter Gesellschaft einen Drink zu uns nehmen können.

DUBLIN

Bars oder Kneipen gibt es in allen Varianten und Größen – cool und trendy genauso wie nett und gemütlich oder riesig wie eine Bierhalle. So unterschiedlich die Bars dieser Welt auch sein mögen, eines haben sie jedoch gemeinsam: Hier geht man hin, um nicht allein zu sein, um sich mit Freunden zu treffen – von Sri Lanka *(oben links)* bis Rom *(unten links)*. Und wenn das Angebot an Getränken auch manchmal ein wenig zu wünschen übrig lässt *(rechte Seite)*, lädt das herzliche Lächeln des Barmanns doch zum Verweilen ein.

SIEHE AUCH

FLIESENBÖDEN	193 197 297 345 445
GEFLIESTE WÄNDE	222 227
WÄNDE MIT PATINA	274 276 281 286 293

NESCAFÉ

SAN FRANCISCO

NORWEGEN

ATHEN

MARSEILLE

PARIS

KAIRO

Der Besuch in einem feinen Restaurant ist immer etwas ganz Besonderes. Schön angerichtete Speisen und die spezielle Atmosphäre machen das Essen zu einem festlichen Ereignis. Restaurants gibt es in allen möglichen Varianten *(linke Seite)* – ihr Ambiente ist so unterschiedlich wie die Einrichtung einzelner Privatwohnungen. Oft haben Familienbetriebe, wo noch mit Liebe gekocht wird und sich die Einrichtung über Jahre hinweg nicht verändert hat, den größten Charme. Leider muss man heute immer weitere Wege zurücklegen, um solche ursprünglichen Lokale zu entdecken. Doch wer einmal dort Platz genommen hat, fühlt sich so wohl, dass er auf Haute Cuisine gut und gern verzichten kann. Kein Restaurant der Welt aber wird es mit dem üppigen Speisenangebot der südostasiatischen Straßenmärkte aufnehmen können. Mindestens ebenso verblüffend wie die Auswahl ist das unglaubliche Gedächtnis der Imbissbudenbesitzer, die immer genau wissen, wer gerade was bestellt hat.

BALI

BANGKOK

SIEHE AUCH
HOCKER 111 153 297 408 414
DRAUSSEN ESSEN 378 402 406

SAIGON

BUDAPEST

Wenn sich die letzten Gäste verabschiedet haben, offenbaren Restaurants ihr wahres Gesicht – als eine Art Kultstätte für Kulinarisches. Mit ihren oft aufwändigen Dekoren sind sie in gewisser Weise weltliche Entsprechungen zu Kirchen und Tempeln, denn auch hier kann man zur Ruhe kommen und den hektischen Alltag weit hinter sich lassen.

SÃO SALVADOR DA BAHIA

SAIGON

SIEHE AUCH

ESSZIMMERSTÜHLE	175 346 378 408
RUNDE TISCHE	136 141 145 300 304
GEMUSTERTE BÖDEN	182 196 345 359 393
CLUBS IN SAIGON	385

Sorgfältig zubereitete Speisen auf einer prachtvoll gedeckten Tafel lassen einem das Wasser im Mund zusammenlaufen. Reis, Krabben, Gemüse, Huhn sowie eine original vietnamesische Sauce, die der französischstämmige Besitzer dieses Hauses in Saigon aufgetischt hat, sind die reinste Augenweide *(rechte Seite)*. Ein rundherum gelungenes Essen hängt aber nicht nur von den kulinarischen Genüssen ab – oft ist es das Unerwartete, das dem Ganzen die Krone aufsetzt: Bei diesem Restaurant in Manila zum Beispiel *(links)* sitzen die Gäste mitten im Fluss, der gemächlich unter Tischen und Bänken dahinfließt und so für angenehme Kühlung sorgt.

SIEHE AUCH
DRAUSSEN SITZEN 386 402 404 406 446
HÄUSER IN SAIGON 168 378

Wer es mit dem Kochen wirklich ernst nimmt, macht sich mit beinahe religiöser Ehrfurcht an die Vorbereitung der einzelnen Speisen. Rituale und eine strikte Hierarchie in der Küche tun der guten Stimmung aber keinen Abbruch – zumindest nicht, was das hier gezeigte Küchenpersonal eines beliebten italienischen Restaurants in Mexiko City anbelangt. Die nüchterne Funktionalität einer Profiküche macht sich auch Zuhause gut: Bei vielen stehen Hightech-Küchen hoch im Kurs.

Viele Restaurants sind in Familienbesitz – kleine Betriebe, in denen jeder weiß, was er zu tun hat. In einer kulinarisch so verwöhnten Region wie der Provence stehen vor allem heimische Produkte auf der Speisekarte, so auch in diesem Lokal unweit von Beaux-de-Provence. Alles, was in der Küche Verwendung findet, ist auf den örtlichen Märkten erhältlich. Eine bessere Garantie für frische Ware gibt es nicht, der Weg vom Erzeuger zum Verbraucher vorbildlich kurz.

AUF DEM MARKTPLATZ

Ohne lange Umwege über verschiedene Zwischenhändler frisch auf den Tisch – das reichhaltige Angebot auf dem Markt befriedigt unsere Sehnsucht nach unbehandelter, frischer Ware direkt vom Feld, aus dem Gemüsebeet, Obstgarten, Fluss oder Meer. Vor allem bei Meeresfrüchten spielen kurze Wege und Fangfrische eine große Rolle.

SÃO SALVADOR DA BAHIA

SÃO SALVADOR DA BAHIA

SANTORIN

COCHIN

Märkte faszinieren durch das riesige Spektrum an Farben und die schlichte, aber ansprechende Präsentation der Waren. Vor allem ein Besuch auf dem Fischmarkt ist immer wieder ein Erlebnis, insbesondere, wenn er direkt am Hafen liegt, wo die Sonne auf dem Wasser funkelt und mit den vielen bunten Farben um die Wette leuchtet. In Tanger konkurrieren im Schein der aufgehenden Sonne glänzendes Silber und leuchtendes Rot *(oben)*. Sämtliche Nuancen des Ozeans finden sich in dieser Auslage im Schaufenster eines Fischladens in Valparaiso, Chile *(unten)*.

MANILA

COCHIN

Auf dem Markt herrschen Fülle und Überfluss, die bunten Warenpyramiden erreichen schwindelnde Höhen, ein wahres Fest für die Sinne erwartet den Besucher *(beide Seiten)*. Auch wenn das Angebot von Land zu Land, ja sogar von Ort zu Ort verschieden ist, merkt man schnell, ob ein Markt wirklich authentisch ist. Im Mittelmeerraum lockt die große Auswahl an Tomaten, Paprika, Zucchini und Auberginen, in den Tropen sind es hoch aufgetürmte Guaven, Papayas, Ananas und Brotfrüchte. Die riesige Brotfrucht, die hier von einem stolzen balinesischen Küchenchef präsentiert wird *(rechte Seite)*, ist ein typisches Produkt der Pazifikinseln. 1793 wurde sie von Thomas Bligh, Kapitän der legendären Bounty, auf Jamaika eingeführt. Auch wenn Bligh mit seinem Plan, die Frucht dort zum Hauptnahrungsmittel der schwarzen Bevölkerung zu machen, scheiterte, gehört die Insel heute noch zu den größten Brotfruchtproduzenten der Welt.

BALI

PROVENCE

MAROKKO

MAURITIUS

MAURITIUS

ROM

SRI LANKA

TUNESIEN

BOMBAY

LUXOR

BANGKOK

MEXIKO

LUXOR

SRI LANKA

NEPAL

SÃO SALVADOR DA BAHIA

BANGKOK

NEAPEL

BANGKOK

MARSEILLE

BURUNDI

BANGKOK

MAURITIUS

MAURITIUS

Die Bildersprache eines Marktstands – egal, ob dieser sich auf einem Boot in Bangkok befindet oder in einer Bude in Burundi – ist untrennbar mit unserer Vorstellung vom guten Leben und von Ursprünglichkeit verbunden. Hier herrscht Leben, hier betören Farben und Gerüche unsere Sinne, hier treffen Erzeuger und Käufer noch direkt aufeinander, ohne durch ein ausgeklügeltes System von Zwischenhändlern getrennt zu sein *(beide Seiten)*. Die Vielfalt der Marktstände, nicht nur was die dargebotenen Waren anbelangt, ist ganz enorm: Sie reicht von einem kleinen Stand auf einer Hausmauer bis hin zu einem spontan ins Leben gerufenen Straßenmarkt in Burundi *(folgende Seiten)*.

BURUNDI

BURUNDI

SIEHE AUCH
KÖRBE 150 291 424 430 432 434 443

Egal, ob es sich um einen kleinen Stadtteilmarkt in Paris, Rom oder London handelt, um einen Markt in Marokko oder auf Mauritius – das üppige Warenangebot ist stets eine Attraktion, für Einheimische ebenso wie für Touristen. Hier trifft man Nachbarn und Bekannte, tauscht den neuesten Klatsch aus und lässt sich von den vielen prächtigen Auslagen verführen *(beide Seiten)*. Elizabeth David (1913–1992), eine der bedeutendsten Food-Journalistinnen der Welt, hat das Angebot eines gut sortierten Marktes stets zu schätzen gewusst: Berge von Tomaten, Paprika, Zucchini, Melonen, Spargel, Erdbeeren, Johannisbeeren, Aprikosen, Kirschen, Pfirsichen, Pflaumen und Birnen ließen ihr Herz höher schlagen und inspirierten sie zu euphorischen Beschreibungen der Märkte Italiens, Frankreichs und der ganzen Welt.

GUATEMALA

SÃO SALVADOR DA BAHIA

NEAPEL

NEPAL

MAURITIUS

SCHANGHAI

MAROKKO

Nicht nur Märkte überraschen durch die enorme Fülle an Waren und die Art ihrer Präsentation, auch traditionelle Lebensmittel- und Tante-Emma-Läden verblüffen immer wieder mit verführerischen Auslagen und einem reichhaltigen Angebot. Denn es gibt kaum etwas Deprimierenderes als ein Geschäft mit beinahe leeren Regalen. Selbst das skurrilste Durcheinander von Haushaltsgegenständen und Lebensmitteln kann verlockend wirken, vorausgesetzt, man stellt die Waren so ansprechend aus wie in diesen Geschäften, die nicht nur Lebensmittel, sondern auch Kochtöpfe, Körbe, Pfannen, Wasserkrüge und Einmachgläser im Angebot haben *(beide Seiten)*.

Folgende Seiten
Im Gegensatz zu vielen nüchternen Supermärkten haben kleinere Läden noch Auslagen, die diesen Namen wirklich verdienen – so manche Ladenfront hat tatsächlich Ähnlichkeit mit einem Stillleben. Während die Geschäfte der großen Lebensmittelketten überall auf der Welt gleich aussehen, spielen Farbe, Form und individuelle Vorlieben hier noch eine wichtige Rolle.

KAIRO

SIEHE AUCH

KÖRBE 150 291 424 426 430 430 434 443

KÜCHENGESCHIRR 140 222 434 440 444

IRLAND

MAURITIUS

LUXOR

WALES

COCHIN

KAIRO

SCHOTTLAND

IRLAND

DELHI

MANHATTAN

TUNESIEN

ATHEN

Caja
Insalata
tomate
Dorina
Coco
DURACELL

$480
Ismael Díaz S A
94 Enero 94
1
3 4 5 6 7 8
10 11 12 13 14 15
17 18 19 20 21 22
25 26 27 28 29
LUX

MEXIKO

SCHANGHAI

MANHATTAN

KAIRO

BANGKOK

IRLAND

Vorangegangene Seiten
Dieser Lebensmittel- und Haushaltswarenladen in Chiloé im Süden von Chile verfügt über ein äußerst reichhaltiges Angebot. Schränke, Regale, ja sogar die Ladentheke biegen sich fast unter der Last der Waren und vermitteln dem Betrachter ein Gefühl von beruhigendem Überfluss. In einem solchen Laden macht das Einkaufen richtig Spaß. Und es führt uns die Vorzüge der guten alten Tante-Emma- und Krämerläden einmal mehr vor Augen.

Kreative Unordnung kann durchaus etwas Anziehendes haben – das gilt nicht nur für Wohnräume, sondern auch für Geschäfte. Im Zeitalter des wohlstrukturierten Kaufhauses kann es sehr erfrischend sein, ein x-beliebiges Geschäft aufzusuchen, dessen Einrichtung nicht am Reißbrett geplant wurde und in dem noch faszinierendes Chaos herrscht *(beide Seiten)*.

SAIGON

SIEHE AUCH
CHINESISCHE MÖBEL 167 378

DELHI

MAURITIUS

KUBA

MASSACHUSETTS

ROM

MARSEILLE

EINE HOMMAGE AN DIE MENSCHEN

Nachdem wir in diesem Buch nicht nur zeigen wollen wie wir wohnen, sondern auch wie wir leben, möchten wir zu guter Letzt nochmals die Menschen in den Mittelpunkt stellen, die all diese Häuser, Räume und Möbel entwerfen, bauen und gestalten. Die Schnappschüsse auf den folgenden Seiten zeigen den Arbeitsalltag in kleinen Handwerksbetrieben in verschiedenen Ländern der Welt. Egal, ob sie Töpfe herstellen oder Zigarren rollen – die meisten Menschen auf den Bildern strahlen eine natürliche Würde und Lebensfreude aus *(beide Seiten)*.

DELHI

BALI

SIEHE AUCH
KÜCHENGESCHIRR 140 222 432 434 444
DEKORIERTE TRUHEN 159 251 262 376

CHILE

RUMÄNIEN

BANGKOK

RUMÄNIEN

GUATEMALA

GUATEMALA

Die Fotos auf diesen Seiten fangen das Leben in seiner ganzen Vielfalt ein und zeigen unter anderem Vorbereitungen für eine Hochzeitsfeier in Rumänien *(oben rechts)* sowie das Landleben im 19. Jahrhundert, nachgestellt in einem Freilichtmuseum in New England *(unten rechts)*. All diese Menschen kultivieren ihren eigenen Lebensstil, der sich sowohl in der Gestaltung der eigenen vier Wände widerspiegelt als auch in der von Hof und Garten. So einfach die Lebensverhältnisse auch sein mögen: Überall lassen sich persönliche Vorlieben entdecken, die in die jeweilige Umgebung mit eingeflossen sind. Dabei überrascht die Fülle an Farben, Materialien und Strukturen, mit denen die Menschen ihre kulturelle Identität unterstreichen, immer wieder aufs Neue.

SIEHE AUCH
KÖRBE 150 291 424 426 430 432 434
WEBKUNST 116 260 262 282 454

SÃO SALVADOR DA BAHIA

NAIROBI

STOCKHOLM

CHILE

CHILE

ARGENTINIEN

TOSKANA

SANTIAGO

CHILE

MEXIKO

GUATEMALA

SÃO SALVADOR DA BAHIA

Nichts ruft so viel Anteilnahme hervor, wie Bilder, die Menschen in Momenten einfangen, in denen sie ganz bei sich und somit am verletzlichsten sind. Diese Schnappschüsse, aufgenommen an den unterschiedlichsten Orten *(linke Seite),* erlauben uns, kurz in ein fremdes Leben einzutauchen, Menschen mit Wünschen und Sehnsüchten zu begegnen, die uns fremd sein mögen, mit denen wir uns aber dennoch identifizieren können. Die stärkste Wirkung entfalten Aufnahmen, auf denen sich der Fotografierte unbeobachtet glaubt *(rechte Seite).*

SAIGON

SIEHE AUCH

ARBEITSZIMMER 130 181 203 246 456
GEMUSTERTE FLIESEN 338 345 349
ÄUSER IN STOCKHOLM 269 362
KÜCHENGESCHIRR 140 222 432 434 440

Straßencafés, in denen man sich mit Freunden zum Plaudern trifft, sind aus dem Stadtbild der Metropolen kaum noch wegzudenken. Dieses Foto zeigt einige Männer in einem Café in Delhi, Indien, beim Kartenspielen.

SIEHE AUCH
RATTANSESSEL 167 194 244 300 380

In allen Kulturen gibt es Orte, an denen Menschen zusammenkommen, um sich auszutauschen. Das gilt für Athen, Rom und Florenz mit ihren großen und kleinen Plätzen ebenso wie für die Londoner Parks, Wiener Kaffeehäuser oder Pariser Salons – ja für Dörfer und Städte auf der ganzen Welt. Diese beiden Männer in Delhi *(oben)* haben einen improvisierten Treffpunkt im Schatten einer Elefantenskulptur geschaffen.

Folgende Seiten
Diese Bilder sind eine Hommage an all die Menschen, die in den Städten, Dörfern und Häusern leben, die auf den vorangehenden Seiten ausführlich gezeigt worden sind. Einige von ihnen posieren vor der Kamera, andere scheinen sie gar nicht zu bemerken. Ihre Traditionen, ihre Kultur und ihre Bedürfnisse prägen die Art, wie sie ihre Umgebung gestalten – so vielfältig wie die Natur.

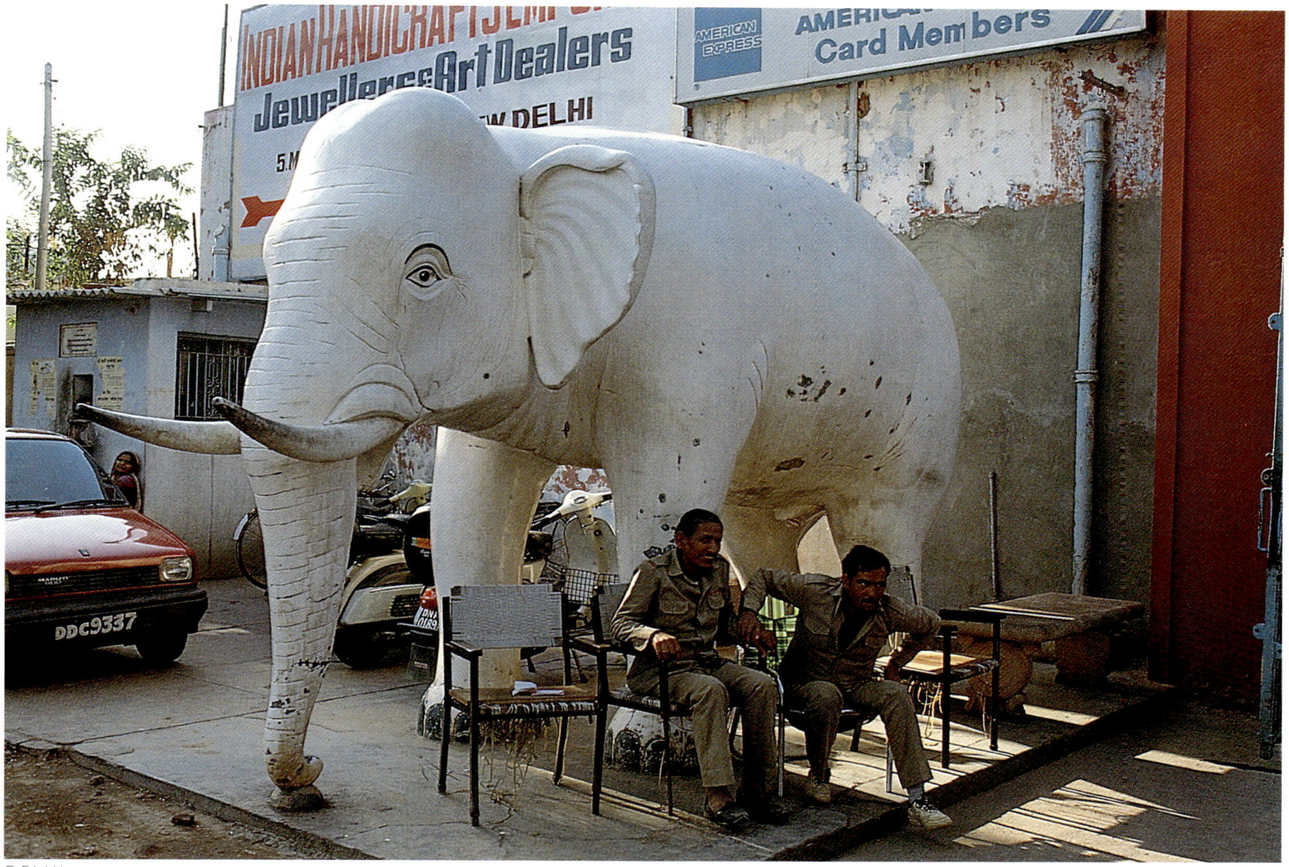

DELHI

KAIRO

SIEHE AUCH
STEINMETZARBEITEN 357 370 371 387

MEXIKO

CHILE

MAURITIUS

GUATEMALA

LUXOR

HAUTE-SAVOIE

RUMÄNIEN

GUATEMALA

KANADA

KANADA

MEXIKO

GUATEMALA

MEXIKO

SIZILIEN

NEPAL

NORMANDIE

NEPAL

BELGIEN

NORMANDIE

KOMOREN

GUATEMALA

MEXIKO

RUMÄNIEN

KOMOREN

Bevor es so etwas wie den Gruppenzwang zum Designer-Label gab, waren Kinder noch viel individueller gekleidet – und mindestens genauso fröhlich. Diese beiden kleinen Mexikaner strahlen mit den leuchtend bunten Farben ihrer Tracht um die Wette.

Folgende Seiten
Diese Kinder haben jede Menge Spaß, ohne dass sie dafür irgendein spezielles Outfit oder Spielzeug bräuchten. In seiner Ursprünglichkeit wirkt das Motiv, das an der brasilianischen Küste von São Salvador da Bahia aufgenommen wurde, beinahe zeitlos.

Es gibt unzählige verschiedene Lebens- und Wohnformen weltweit. Und doch ist es immer wieder verblüffend, wie groß die Ähnlichkeit ist, sobald uns ein verbindendes Element eint: die Zugehörigkeit zu einer Gruppe, einer Dorf- oder Kulturgemeinschaft oder auch nur ein bestimmtes Interesse.

DANUBIO-V
G-2-M

RUMÄNIEN

RUMÄNIEN

MAURITIUS

CHILE

CHILE

MEXIKO

INDIEN

RUMÄNIEN

MEXIKO

BURUNDI

KENIA

SCHOTTLAND

IBIZA

IRLAND

BURUNDI

PARIS

NEAPEL

NAIROBI

NORMANDIE

JODHPUR

FRANKREICH

DELHI

FLORIDA

NORMANDIE

KUBA

LONDON

MALLORCA

BRÜSSEL

KUBA

PARIS

PARIS

MALLORCA

MAURITIUS

Wenn wir unsere Umgebung und die Räume, in denen wir leben, nach unseren persönlichen Vorlieben gestalten *(vorhergehende sowie linke Seite)*, dann in erster Linie, um uns wohl zu fühlen – das gilt in Irland ebenso wie auf Ibiza, in Neapel wie in Nairobi und in Burundi wie in Belgien. Dabei orientieren wir uns zwar an konkreten Bedürfnissen, wir leisten aber gleichzeitig einen wertvollen Beitrag zu der Kultur, in der wir leben. Was uns dabei im Einzelnen gefällt, ist höchst unterschiedlich: So steht dieses Wohnzelt eines international anerkannten Wildlife-Fotografen in Kenia *(rechte Seite)* Besuchern jeder Spezies offen.

SIEHE AUCH					
SCHREIBTISCHE	203	207	208	246	457
MODERNE TISCHE	88	94	111	137	316
KOPFSTEINPFLASTER	120	285	327	333	
KENIA	152	364	379	456	
HÄUSER IN LONDON	97	98	328		
HÄUSER AUF MAURITIUS	177	380			

Im Rausch der Farben: Beim Herbstfest im philippinischen Dorf Lucban auf der Insel Luzon wetteifern die Bewohner darum, wer sein Anwesen am schönsten mit bunten Blumen, Früchten und anderen Gegenständen herausgeputzt hat (*beide Seiten sowie die folgenden*). Manche verkleiden ihrer Häuser sogar mit eigens konstruierten Gestellen, welche die Fassaden noch höher und prächtiger erscheinen lassen. Ganze Straßenzüge sind kunstvoll mit Säulen und Girlanden in atemberaubenden Farben und Mustern geschmückt. Und wer das schönste Haus vorweisen kann, gewinnt einen Wasserbüffel!

SIEHE AUCH

LUCBAN	15	63	463	
DEKORIERTE WÄNDE	15	213	232	315
DEKORATIVE FASSADEN	54	58	67	75

WIE WIR LEBEN · KAPITEL SECHS
REGISTER
INTERIEUR UND DESIGN
AKZENTE UND ARRANGEMENTS
MÖBEL UND MATERIALIEN
DETAILS UND DEKORATIONEN
STILRICHTUNGEN
UND VIELES MEHR

O

P

Q

R

IMPRESSUM

Design: Stafford Cliff
Production Artwork: Ian Hammond
Text und Bildunterschriften: Robert Adkinson
Index: Anna Bennett
Fotografien:

Design und Layout:

Koproduktion mit
Thames & Hudson Ltd, London
Technische Umsetzung:
Sabine Dohme
Übersetzung: Gina Beitscher und Christiane Burkhardt
Redaktion: Heike Gronemeier

Econ Verlag
Der Econ Verlag ist ein Unternehmen der Ullstein Heyne List GmbH & Co. KG, München
1. Auflage 2003
ISBN 3-430-18684-6

Druck und Bindung:
C. S. Graphics, Singapur

Gewidmet François de Chabaneix, Françoise Winter, Catherine, Martin & Simon de Chabaneix

Allen, die zum Gelingen dieses Buches beigetragen haben, möchte ich von Herzen danken:
Stafford Cliff, der die großartige Idee zu diesem Buch hatte,
Catherine Ardouin, Jean Pascal Billaud, Catherine de Chabaneix, Daniel Rozensztroch und Francine Vormèse, die mich auf fast allen Reisen begleitet haben,
Martine Albertin, Beatrice Amagat, Françoise Ayxandri, Anna Bini, Marion Bayle, Marie Claire Blanckaert, Barbara Bourgois, Marie France Boyer, Marianne Chedid, Alexandra D' Arnoux, Jean Demachy, Emmanuel de Toma, Geneviève Dortignac, Jerome Dumoulin, Marie Claude Dumoulin, Lydia Fiasoli, Jean Noel Forestier, Marie Kalt, Françoise Labro, Anne Lefèvre, Helene Lafforgue, Catherine Laroche,Nathalie Leffol, Blandine Leroy, Chris O' Byrne, Christine Puech, José Postic, Nello Renault, Elisabeth Selse, Caroline Tiné, Claude Vuillermet, Suzanne Walker, Rosaria Zucconi, die mit mir diese wunderbare Welt entdeckt haben,
Jerome Abel Seguin, Jean Marie Amat, Avril, Peter Beard, Bébèche, Luisa Becaria, Dominique Bernard, Dorothée Boissier, Carole Bracq, Susie and Mark Buell, Michel Camus, Laurence Clarck, Anita Coppet und Jean Jacques Driewir, Bertile Cornet, Jane Cumberbatch, Geneviève Cuvelier, Ricardo Dalasi, Anne und Pierre Damour, Catherine Dénoual, Dominique und Pierre Benard Dépalle, Ann Dong, Patrice Doppelt, Philippe Duboy, Christian Duc, Jan Duclos Maïm, Bernard Dufour, Flemish Primitives, Michèle Fouks, Pierre Fuger, Massimiliano Fuksas, Teresa Fung und Teresa Roviras, Son Altesse le Maharajah Gaj Sing Ji, Henriette Gaillard, Jean und Isabelle Garçon, John Mac Glenaghan, Fiora Gondolfi, Annick Goutal und Alain Meunier, Murielle Grateau, Yves und Michèle Halard, Hotel Le Senechal, Hotel Samod Haveli, Antony Hudson, Ann Huybens, Patrick T'Hoft, Igor und Lili, Michèle Iodice, Paul Jacquette, Hellson, Jolie Kelter und Michael Malcé, Dominique Kieffer, Kiwayu, Lawrence und William Kriegel, Philippe Labro, Karl Lagerfeld, François Lafanour, Nad Laroche, Rudolph Thomas Leimbacher, Philippe Lévèque und Claude Terrijn, Marion Lesage, Luna, Catherine Margaretis, Marongiu, Mathias, Valerie Mazerat und Bernard Ghèzy, Jean louis Mennesson, Ilaria Miani, Anna Moï, Leonardo Mondadori, Jacqueline Morabito, Christine Moussière, Paola Navone, Christine Nicaise, Christian Neirynck, Jean Oddes, Catherine Painvin, John Pawson, Christianne Perrochon, Phong Pfeufer, Françoise Pialoux les Terrasses, Alberto Pinto, Stephane Plassier, Morgan Puett, Riad Dar Amane, Riad Dar Kawa, Yagura Rié, Guillaume Saalburg, Holly Salomon, Jocelyne und Jean Louis Sibuet, Siegrid und Cousins, Valérie Solvi, Richard Texier, Jerome Tisné, Doug Tomkins, Anna und Patrice Touron, Christian Tortu, Armand Ventilo, Barbara de Vries, Thomas Wegner, Quentin Wilbaux, Catherine Willis und all die vielen Menschen, deren Namen ich nicht kenne. Ihnen allen sei Dank, dass ich diese wunderbaren Portäts, Momentaufnahmen und Fotos ihrer Häuser machen durfte.
Weiterhin möchte ich den folgenden Magazinen danken:
A . D., Atmosphère, Elle, Elle à Table, Elle décoration, Elle decor Italie, Madame Figaro, Maison Française, Marie claire, Marie claire Idées, Marie claire Maison, The World of Interiors.
Und schließlich gilt mein Dank Mattias Bouazis, der mich bei der Auswahl der zahlreichen Bilder unterstützt hat.

Gilles de Chabaneix